논·술·세·계·대·표·문·학

5

아라비안 나이트

유혜영 엮음

알라딘과 요술 램프 · 말하는 새 · 신기한 목마 · 신드바드의 모험
하늘을 나는 융단 · 알리바바와 40명의 도둑 · 항아리 속의 마귀 외

H 훈민출판사

인도의 여인들 - 코를 뚫어 멋을 내었다.

The Best World Literature

인도의 타지마할 - 인도는 〈아라비안 나이트〉의 주요 배경이 된 곳이다.

인도의 봄베이 타지마할 호텔과 인도의 문

이라크 이쉬타르의 정문 — 이라크는 아랍 문화의 중심지로서, 〈아라비안 나이트〉의 주요 배경이 된 곳이다.

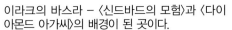

이라크의 바스라 – 〈신드바드의 모험〉과 〈다이아몬드 아가씨〉의 배경이 된 곳이다.

터번을 두른 인도 남자들 – 〈아라비안 나이트〉에 나오는 인물들처럼 머리에 터번을 두르고 있다.

인도의 농촌 풍경

바스라의 어린이들

이라크의 바그다드와 티그리스 강 – 〈신드바드의 모험〉의 배경이 된 곳이다.

The Best World Literature

이라크의 바빌로니아 유적

이라크 바그다드의 시민들

구인환(丘仁煥)

서울대학교 사범대학 졸업. 동 대학원 졸업(문학박사)
서울대학교 명예교수, 소설가(현). 서울대학교 사범대학 국어교육연구소 소장(현)
문학과문학교육연구소 소장(현). 국제펜 한국본부 부회장(현)
한국소설문학상(1987). 예술문화대상(1994). 한국문학상(2000)
작품 〈숨쉬는 영정〉, 〈살아 있는 날들〉, 〈일어서는 산〉 외 다수

• **저서** 《한국단편소설의 이해》, 《한국현대소설의 비평적 성찰》,
  《고교생이 알아야 할 소설》, 《고교생이 알아야 할 세계단편소설》 외 다수

윤병로(尹柄魯)

성균관대학교 국어국문학과 졸업. 동 대학원 졸업(문학박사)
성균관대학교 교수, 문학평론가(현). 한국현대소설학회장(현)
한국문예학술저작권협회 이사(현). 한국간행물윤리위원회 위원(현)
한국펜 문학상(1987). 한국문학상(1988). 대한민국문학상(1989)
수필집 《나의 작은 애인들》 외 다수

• **저서** 《현대 작가론》, 《한국 현대 소설의 탐구》,
  《한국 근대 작가 작품 연구》, 《한국 현대 작가의 문제작 평설》 외 다수

홍성암(洪性岩)

고려대학교 국어국문학과 졸업. 한양대학교 대학원 국어국문학과 졸업(문학박사)
동덕여자대학교 교수, 소설가(현). 한국문인협회 회원(현)
한국소설가협회 이사(현). 국제펜 한국본부 소설분과 이사(현). 한민족 문화학회 회장(현)
창작집 《큰 물로 가는 큰 고기》, 《어떤 귀향》 외
대하역사소설 《남한산성》 (전9권) 외 다수

• **저서** 《문학의 이해》, 《현대 작가론》, 《한국 근대 역사소설 연구》 외 다수

기
획
·
감
수

이라크의 유프라테스 강 — 인류 문명의 발상지이다.

논술 *세계대표문학*을 펴내며

　21세기의 사회는 '**전자 문명 시대**'라 일컬어질 만큼 오늘날 전자 산업은 우리 생활의 거의 모든 분야에 다양하게 응용되고 있습니다. 출판 분야 또한 예외는 아니어서, 종래의 서책(Book) 대신에 이른바 '전자책(CD-ROM)'의 출간이 최근 들어 날로 증가하고 있습니다.

　그러나 이러한 전자책은 영상 또는 모니터상으로 흥미 위주나 백과사전식 지식을 습득하는 데는 효과적일지 모르지만, 문학 공부를 위해서는 별로 도움이 되지 않습니다. 바꾸어 말하면, 문학 공부는 각 지면마다 살아 숨쉬는 표현 하나하나를 독자 자신의 머리로 음미하면서 작품을 읽어 나가는 가운데, 풍부한 상상력의 배양과 함께 작가의 의도와 그 작품의 내면을 깊이 있게 이해함으로써 이루어지는 것입니다.

　이에 훈민출판사에서는, 자라나는 학생들이 범람하는 영상 매체에 길들여지기 전에, 어려서부터 유명한 세계문학 작품들을 책자를 통하여 감명 깊게 읽고 감상함으로써, 올바른 문학 공부의 기틀을 다지고, 아울러 전인 교육도 할 수 있도록 《논술 세계대표문학(전60권)》을 펴내게 되었습니다.

　작품 선정은, 초·중·고등학교 국어 교과서와 역사 교과서에 실리거나 소개된 문학 작품을 중심으로 하되, 그리스 신화와 성경 이야기 등의 고전에서부터 중세·근대·현대에 이르기까지 세르반테스·셰익스피어·톨스토이 등 세계 유명 작가들의 장·단편 소설들을 엄선·수록하였습니다. 또 세계의 명시도 별권으로 엮었으며, 특히 각 단락마다 '**논술 문제**'를 제시하여, 장차 대학입시를 비롯한 각종 '논술 고사'에 예비 지식을 쌓을 수 있도록 배려하였습니다. 아무쪼록, 이 《논술 세계대표문학(전60권)》이 자라나는 학생들에게 문학 공부의 주춧돌이 되고, 나아가 미래를 살아가는 데 **정신적 자양분**이 되기를 진심으로 바라 마지않습니다.

훈민출판사

차례

아라비안 나이트

알라딘과 요술 램프/ 말하는 새/ 신기한 목마/
다이아몬드 아가씨/ 신드바드의 모험/ 하늘을 나는 융단/
알리바바와 40명의 도둑/ 항아리 속의 마귀

알라딘과 요술램프

낯모르는 아저씨

아주 먼 옛날, 어느 고을에 알라딘이라는 젊은이가 살고 있었다.

알라딘은 어릴 때부터 아주 게을러 '게으름뱅이'라는 소리를 들었다. 그는 거의 아무 일도 하지 않고 하루하루 놀기만 하며 지내었다.

그의 아버지는 알라딘에게 자기가 하는 일을 시켜 보았다. 그러나 모두 헛수고였다. 드디어 아버지는 자식에 대한 애정마저 식은 채 병이 들어 세상을 떠나고 말았다.

그의 어머니는 할 수 없이 가게를 팔고 몇 푼 되지 않는 돈으로 간신히 살아가는 형편이 되었다. 그 동안 알라딘은 열다섯 살이 되었다.

어느 날이었다.

알라딘은 여느 때처럼 마을의 넓은 마당에서 친구들과 놀고 있었다. 그런데 어떤 사나이가 알라딘이 노는 모습을 유심히 살펴보고 있었다.

잠시 후, 그 사나이는 한 아이를 불러서 알라딘에 대하여 이것저것 물어보았다.

그러고 나서 그 사나이는 알라딘에게 가까이 와서 물었다.

"너의 아버지가 재봉사 무스타파 씨 아니냐?"

"그렇습니다. 하지만 아버지는 몇 년 전에 세상을 떠나셨습니다."

알라딘이 대답하였다. 그러자 그 사람은 알라딘의 머리를 쓰다듬으며 목멘 소리로 말하였다.

"나는 너의 숙부, 바로 네 아버지의 동생이란다. 내가 외국을 돌아다니다가 오랜만에 형님을 만나뵙고 싶어서 왔는데, 벌써 돌아가셨다니 이게 도대체 웬 말이냐? 너는 얼굴이나 몸집이나 형님의 어릴 때 모습 그대로구나. 그래서 나는 너를 유심히 쳐다본 거야. 어머니는 어디 계시니?"

알라딘은 손가락으로 집을 가리켰다. 그러자 그 사람이 돈을 내밀면서 말하였다.

"그럼, 어머니께 내가 왔다고 말씀드려라. 내일 또 찾아올 테니까."

집으로 돌아온 알라딘은 어머니에게 이 사실을 알렸다. 그러자 어머니는 이렇게 말하였다.

"숙부라니? 너에게는 숙부가 안 계시단다. 예전에 한 분이 계셨지만 벌써 오래 전에 돌아가셨단다."

알라딘이 만난 이 아저씨라는 사람은 실은 아프리카의 마술사로 이틀 전에 이곳에 왔던 것이다.

그 마술사는 무슨 일인가를 하기 위하여 적당한 아이를 찾고 있었다. 그런데 마침 알라딘을 보고 이 아이라면 적당할 것 같다고 생각한 것이었다.

다음 날, 마술사는 과일과 과자를 잔뜩 사 가지고 알라딘의 집을 찾아왔다.

그는 먼저 어머니께 인사를 드리고 말하였다.

"무스타파 형님이 늘 앉아서 일하시던 곳이 어디입니까?"

어머니가 이상한 표정을 짓자 마술사는 눈물이 글썽해서 말하였다.

"나는 수십 년 동안 외국에 나가 있었으므로 형님을 만나 뵐 수 없었습니다. 지금은 아프리카에 살고 있습니다. 형님이 무척 보고 싶어 찾아왔는데, 이미 돌아가셨군요."

그러자 어머니도 슬픔이 복받쳐서 함께 울었다.

마술사는 한참 동안 어머니의 슬픈 표정을 지켜보다가 이번에는 알라딘에게 말하였다.

"알라딘, 너는 무슨 일을 배웠니? 아버지의 일을 이어받아 재봉사가 되지 않겠니?"

그러자 알라딘은 얼굴을 붉히며 고개를 떨구었다. 그때 어머니가 불쑥 말문을 열었다.

"이 애는 아주 게으릅니다. 아무것도 하려 하지도 않고, 배우려 하지도 않습니다. 날마다 마을에 있는 넓은 공터에 나가서 놀기만 한답니다. 제가 밤 늦게까지 솜을 틀어 생기는 돈으로 우리 모자가 겨우 살아가고 있습니다."

어머니의 말을 듣고 마술사가 알라딘에게 말하였다.

"알라딘, 이제 너도 열다섯 살이나 되었는데 그러면 되겠니? 어머니는 힘들게 일하시고, 너는 아무 일도 하지 않는다니 말이 안 되고말고. 세상에는 여러 가지 일이 많단다. 무엇인가 네 마음에 드는 일이 있을 거야. 만약 이것도 저것도 다 싫다면 장사라도 시작하는 게 어떻겠니? 내가 가게를 차려 줄 테니 말이다."

알라딘은 가게를 차려 준다는 말에 귀가 번쩍 띄었다. 일이라면 진저리를 내는 알라딘에게는 무척 반가운 이야기일 수밖에 없었다.

"장사라면 좋아요. 그렇게 해 주세요, 아저씨!"

"그러면 내일 나와 함께 가자. 먼저 입을 옷을 사 주겠다. 장사꾼은 장사꾼다운 차림을 해야 하니까. 그리고 가게를 얻으러 다녀 보자."

마술사는 말을 마치고 돌아갔다.

다음 날, 마술사는 약속대로 알라딘을 데리고 장터로 가서 옷을 사주었다. 그리고 이곳저곳을 돌아다니며 가게를 구경시켜 주었다.

"너도 이렇게 가게를 차리고 주인 노릇을 하는 거야. 잘 봐 두어라."

마술사가 말하였다. 이 말을 들은 알라딘은 무척 기뻤다.

그 이튿날, 마술사는 도시락을 가지고 찾아왔다.

"오늘은 신기한 것을 구경시켜 주마."

그러면서 마술사는 알라딘을 동네 성문 밖으로 데리고 나갔다.

얼마쯤 걸어가자 공원처럼 아름다운 뜰이 몇 군데나 있었다. 그곳을 지나 우물가에 이르렀을 때, 마술사는 털썩 주저앉으며 말하였다.

"아, 다리가 아프다. 좀 쉬었다 가자."

마술사는 허리에서 도시락을 풀어 알라딘에게 반쯤 덜어 주었다.

식사를 마치고 또다시 걷기 시작하였다. 얼마쯤 걸어가다가 높은 산이 보이는 곳에 이르렀다. 알라딘은 이처럼 멀고 호젓한 곳에 오기는 처음이었다.

"아저씨, 도대체 어디로 가시려는 겁니까? 보시다시피 이 앞에는 산밖에 없지 않습니까?"

"조금만 참아라. 정말 좋은 곳이 있단다."

마술사는 그때부터 걸음을 빨리 하였다. 이윽고 두 사람은 산 속의 비좁은 길에 이르렀다.

"아, 이제 다 왔다!"

마술사는 걸음을 멈추고 알라딘에게 말하였다.

"불을 피워야겠다. 어서 가서 나무 좀 주워 오너라. 아주 신기한 것을 보여주겠다."

알라딘은 피곤한 줄도 모르고 재빨리 나뭇가지를 모아 가지고 왔다.

마술사가 나뭇가지에 불을 붙이자 불길이 활활 타오르기 시작하였다. 그때 마술사가 무어라고 주문을 외자 불 속에서 커다란 돌이 나타났다.

알라딘은 깜짝 놀라 도망치려 하였다. 그러나 곧 마술사에게 사로잡혔다.

"아무것도 무서워할 것 없어. 이 돌 아래에는 보물이 가득 있거든. 이것을 가지면 너는 세계에서 제일 가는 부자가 되는 거야. 내가 시키는 대로 말만 잘 들어."

이 말을 듣자 알라딘은 무서운 생각도 잊어버렸다.

"무엇이든지 시키는 대로 하겠습니다."

알라딘이 자신만만한 소리로 말하였다.

"그럼, 먼저 그 쇠고리를 붙잡고 돌을 들어올려라!"

마술사가 알라딘에게 일렀다.

알라딘은 돌 한가운데에 붙어 있는 쇠고리를 잡아당겼다. 돌은 쉽게 번쩍 들어올려졌다. 그 아래를 보니 큰 굴이 있고 층계가 보였다.

"알라딘, 잘 들어라."

마술사는 알라딘을 바라보며 은근하게 말하였다.

"이번에는 굴 속의 층계를 밟고 내려가거라. 죽 내려가면 열려 있는 문이 있어. 거기로 들어가면 나란히 방 세 개가 있단다. 그 양쪽에 금과 은이 들어 있는 항아리가 줄지어 있어. 하지만 그런 것에는 한눈 팔지 말고, 옷자락이 벽에 닿지 않도록 조심해서 지나가거라. 만약 옷이 조금이라도 벽에 닿으면 너는 죽고 만다."

마술사는 다시 한 번 알라딘을 똑바로 보면서 이야기를 이었다.

"더 계속해서 앞으로 가면 뜰이 있고, 그곳에는 과일 나무가 많단다. 그 속을 똑바로 지나가면 높은 층계가 있고, 벽 구석에 불이 켜진 램프가 있을 것이다. 그것을 가져오는 거다. 돌아올 때 보석 열매가 탐나면 얼마든지 따 가지고 와도 괜찮다."

말을 마친 마술사는 자기 손에서 반지를 빼어 알라딘의 손가락에 끼워 주었다.

"이것은 어떤 해로운 일도 막아 주는 물건이다. 잘 다녀오너라."

알라딘은 단숨에 층계를 내려갔다.

열려 있는 문을 지나자 세 개의 방이 있고, 양쪽에는 금과 은이 들어 있는 항아리가 줄지어 있었다.

그곳을 옷자락이 벽에 닿지 않도록 조심스레 지나가니, 정말 넓은 뜰이 나타났다. 뜰 저쪽에 램프가 있었다.

알라딘은 급히 넓은 뜰을 지나가서 램프를 옆구리에 끼었다. 돌아오는 길에 뜰의 나무를 쳐다보니 무척 많은 보석 열매가 달려 있었다.

붉게 번쩍이는 루비와 푸른 사파이어, 초록색 에메랄드, 그리고 다이아몬드가 주렁주렁 열려 있었다.

알라딘은 그것이 무엇인지 잘 몰랐지만, 닥치는 대로 마구 따서 주머니와 옷소매에 넣었다.

그러고 나서 알라딘은 마술사가 기다리고 있는 층계까지 헐레벌떡 뛰어 올라왔다.

마술사는 기다렸다는 듯이 알라딘에게 소리쳤다.

"빨리 램프를 이리 내놓아라!"

마술사의 목소리를 들은 알라딘은 위를 쳐다보며 말하였다.

"좀 기다려 주십시오. 아저씨, 손을 잡아 주세요. 위로 올라갈 수가 없어요."

알라딘은 주머니에 잔뜩 집어넣은 보석의 무게 때문에 움직일 수가 없을 정도였다.

"먼저 램프를 올려 보내 주면 돼!"

마술사가 소리쳤다.

그러나 알라딘은 위에 올라가서 주겠다고 몇 번씩 말할 뿐, 좀처럼 마술사의 말을 듣지 않았다.

마술사는 더 기다릴 수 없다는 듯이 램프를 단념하고 피워 놓은 불 속에 향을 뿌리며 무엇인가 주문을 외웠다. 그러자 돌이 저절로 닫혔다.

알라딘은 꼼짝없이 굴 속에 갇히고 말았다.

이 마술사는 알라딘의 숙부가 아니었다. 다만, 마술 책을 읽다가 세상에 신기한 마술 램프가 있다는 것을 보고는 아프리카에서 여기까지 찾아온 것이었다.

그리고 램프를 손에 넣으려면 아무래도 남의 힘을 빌려야 했으므로 알라딘을 속여서 굴로 데리고 간 것이었다.

마술사는 일이 뜻대로 되지 않자, 그냥 아프리카로 돌아가지 않을 수 없었다.

험상궂은 사나이

알라딘은 컴컴한 굴 속에서 울기도 하고 소리도 질러 보았다. 그러나 아무 소용이 없었다. 혹시 나갈 곳이 있나 살펴보았으나, 헛수고였다. 아까 열려 있던 문도 이제는 닫혀 있었다.

이제 두 번 다시 어머니도 만날 수 없고, 햇볕도 볼 수 없을 것만 같아, 하염없이 눈물만 흘러내렸다.

알라딘은 이틀 동안 굴 속에서 헤매었다. 사흘째 되는 날에는 두 손을 모아 마지막 기도를 올렸다.

"하느님, 제발 저를 구해 주십시오."

그때, 마술사가 끼워 준 반지가 손에 닿았다. 그러자 땅이 두 쪽으로 갈라지고 그 속에서 거인이 나타났다.

"주인님, 무슨 일로 부르셨습니까? 저는 반지의 노예입니다. 무슨 일이든지 분부만 내려 주십시오."

알라딘은 다른 때 같았으면 놀랐겠지만, 지금은 죽느냐 사느냐 하는 위험한 고비에 놓여 있었으므로 침착하게 정신을 차리고 명령을 하였다.

"나를 여기서 나가게 해 다오."

그러자 또다시 땅이 두 쪽으로 갈라지더니 알라딘은 어느 새 햇빛이 쏟아지는 바깥에 나와 있었다.

알라딘은 기진맥진해서 집으로 돌아왔다.

어머니의 부축을 받아 집 안으로 들어온 알라딘은 그만 정신을 잃고 말았다.

그는 얼마 후, 어머니의 극진한 보살핌을 받아 겨우 정신을 차릴 수 있었다.

알라딘은 어머니에게 가짜 숙부에게 속은 일과 굴 속에서 겪었던 일들을 자세히 말씀드렸다. 그리고는 가지고 온 램프와 번쩍이는 보석을 보여주었다.

어머니는 아직까지 그런 보석을 보지 못하였던 터라,

"그까짓 먹을 수도 없는 과일 따위는 소용없다."

하며, 거들떠보려고도 하지 않았다.

알라딘은 그때부터 죽은 듯이 잠을 자기 시작하였다.

다음 날 아침이 밝았을 때 알라딘은 겨우 눈을 떴다. 그는 배가 몹시 고파서 어머니에게 무엇이든 먹을 것을 달라고 하였다.

"큰일났구나!"

어머니가 말하였다.

"어제 네가 다 먹어 버렸기 때문에 집에 먹을 것이라고는 하나도 없다. 그렇지만 조금만 참아라. 솜을 틀어 놓은 게 있으니 그것을 팔아서 무엇이든 먹을 것을 사오마."

"어머니, 그 솜은 그대로 놔두십시오."

알라딘이 계속 말을 하였다.

"그것보다 어제 제가 굴속에서 가져온 램프를 파는 것이 더 나을 거예요."

"그럴지도 모르겠구나."

어머니는 곧 램프를 가져왔다. 램프가 지저분한 것을 본 어머니는 램프를 깨끗이 닦는 것이 값을 조금이라도 더 받을 수 있는 길이라는 생각이 들었다. 그래서 어머니는 램프를 닦기 시작하였다.

그러자 그때 별안간 험상궂은 거인이 나타났다.

"주인님, 무엇이 필요하십니까? 나는 램프의 노예입니다. 제가 할 일을 말씀해 주십시오."

어머니는 너무 놀라서 그만 기절을 하고 말았다. 알라딘은 어머니의 손에서 램프를 받아 쥐고 말하였다.

"배가 고프니, 무엇이든 먹을 것을 좀 갖다 주시오."

험상궂은 거인은 사라졌다가 잠시 후, 커다란 은 쟁반에 음식을 잔뜩 담아 가지고 왔다. 거인은 그것을 알라딘 앞에 놓고 나서는 연기처럼 사라졌다.

잠시 후 정신을 가다듬은 어머니는 또다시 놀라 물었다.

"그 음식은 도대체 어디서 났느냐? 임금님이라도 오셨느냐?"

"아무 일도 아니에요. 자, 빨리 잡수세요."

두 사람은 이렇게 맛있는 음식은 생전 처음 먹어 보았다. 배불리 먹고도 반 이상이나 남은 음식을 바라보며, 알라딘은 신기한 램프의 이상한 힘에 대하여 어머니에게 말해 드렸다.

어머니는 그 말을 듣고 나자,

"그런 끔찍한 것은 아무에게라도 빨리 줘 버리거라."
하고 말하였다.

그러나 알라딘은 이 램프와 반지를 소중히 간직해야겠다고 생각했기 때문에 어머니의 말을 따르지 않았다.

"그렇다면 너 좋은 대로 하거라. 하지만 나는 그런 무서운 것은 두 번 다시 보고 싶지 않다."
어머니는 냉정하게 잘라 말하였다.

며칠 후, 알라딘의 집에는 먹을 것이 또 떨어졌다.

알라딘은 장으로 은 쟁반을 팔러 나갔다. 은 쟁반을 판 돈으로 열흘 정도 먹을 양식을 구할 수 있었다.

알라딘은 이제 게으름을 피우지 않고 제 나이 또래의 친구들과도 어울리지 않았다. 그는 어른들과 어울리기 시작하였다.

이제는 세상 물정도 좀 알고, 보석상 주인과도 사귀게 되었다. 덕분에 굴속에서 가져온 보석들을 가져다 보일 만큼 가까워졌다.

그래서 그 구슬이 보통 유리가 아니라, 임금님까지 부러워할 만한 훌륭한 보석이라는 것을 알게 되었다.

아름다운 공주

어느 날, 알라딘은 거리를 걷고 있었다.

그때, 시녀를 데리고 길을 걷고 있던 공주와 우연히 마주치게 되었다. 공주를 슬쩍 훔쳐본 알라딘은 공주의 아름다움에 빠져 그만 넋을 잃고 말았다.

알라딘은 집에 돌아와서도 아까 보았던 공주의 황홀한 모습이 눈앞에 떠올라 어쩔 줄을 몰랐다. 이런 아들을 본 어머니는 하도 이상해서 물었다.

"알라딘, 왜 그렇게 멍하니 넋을 잃고 있니?"

"어머니, 나는 이제 아름다운 공주 없이는 못 살 것 같아요. 임금님께 간곡히 청혼을 해 보았으면 좋겠어요."

알라딘은 마음속에 품은 생각을 털어놓았다.

"너 정신이 어떻게 된 것 아니냐?"

그러나 알라딘은 또 한 번 똑똑히 말하였다.

"누가 뭐라고 하여도 나는 공주 없이는 못 살 것 같습니다. 어머니, 소원입니다. 제발 임금님께 다녀오게 좀 해 주세요, 네?"

"나는 네 어미이니 네가 원하는 대로 해 줘야겠지만, 가 보았자 뻔한 일 아니냐? 우리의 신분을 생각해야지. 한낱 재봉사의 아들이 감히……. 그리고 임금님께 갈 때는 무슨 선물을 가져가야 한다고 하더라. 우리 집에 뭐 변변히 가져갈 만한 것도 없지 않니?"

"왜 없어요. 전에 제가 가지고 온 번쩍거리는 과일이 있잖아요. 그건 어머니나 제가 생각했던 것처럼 유리가 아니라, 아주 굉장히 비싼 보석이거든요. 그것을 가지고 가면 임금님의 마음도 달라질 거예요."

그래도 어머니는 가고 싶지 않았다. 그러나 아들이 너무 졸라 대는 바람에 다음 날 보자기에 그 보석들을 싸 가지고 임금님을 찾아갔다.

궁궐에는 임금을 둘러싼 대신들이 나란히 앉아 있었다. 그리고 많은 사람들이 여러 가지 사정을 호소하려고 와 있었다.

다음 날도, 그 다음 날도 사람이 무척 많았다. 그래서 어머니는 궁궐을 일주일 내내 드나들어야 했다.

드디어 7일째 되는 날이었다.

임금이 한 대신에게 물었다.

"날마다 보자기에 무언가를 싸들고 오는 저 여자는 누구냐?"

"아마 썩은 보리쌀을 속아서 사기라도 한 모양입니다."

대신은 엉뚱한 대답을 하였다. 그러나 임금은 대신의 대답을 곧이듣지 않고 이렇게 명령을 하였다.

"아무튼 그 여자를 내 앞으로 데려오너라. 이곳에 찾아온 이유나 들어 보아야 겠다."

대신의 안내로 알라딘의 어머니는 임금 앞으로 불려 나갔다.

임금은 인자한 얼굴로 물었다.

"그대는 무슨 일로 왔는가?"

알라딘의 어머니는 덜덜 떨면서 아무 소리도 못 하다가 마침내 입을 열었다.

"사실대로 말씀드리자면, 제 자식 알라딘이 공주님을 한 번 뵌 뒤로는 공주님 생각만 하다가 지금은 앓아 누웠습니다. 제 자식 놈은 주제도 모르고 공주님과 결혼하기를 원하고 있사옵니다."

이야기를 다 듣고 난 임금은 기가 막혀 껄껄대고 웃었다. 임금은 알라딘의 어머니에게 말하였다.

"공주의 말을 들어 본 다음에 결정하겠으니, 석 달만 기다리도록 하거라. 준비도 해야 하니까."

그때서야 알라딘의 어머니는 보자기에 싼 보석을 임금에게 바치고는 뛸 듯이 기뻐하며 집으로 돌아왔다.

이 소식을 들은 알라딘은 세상에서 제일 가는 행복을 얻은 것 같아 덩실덩실 춤을 추었다.

보 석

그로부터 두 달이 지났다.

알라딘의 어머니는 기름을 사러 밖에 나갔다. 그런데 거리는 온통 잔치 기분으로 들떠 있었다.

어머니는 기름집 주인에게 무슨 일이 일어났느냐고 물었다.

"아직도 모르고 있었소? 오늘은 공주님이 대신의 아들과 결혼하는 날입니다."

이 말을 들은 알라딘의 어머니는 하마터면 그 자리에 주저앉을 뻔하였다. 어머니는 급히 집으로 돌아와 알라딘에게 이 말을 전해 주었다.

뜻밖의 말을 들은 알라딘은 한참 동안 멍하니 서 있다가 문득 신기한 마술 램프 생각이 났다.

어머니가 부엌에 들어간 사이에 알라딘은 램프를 얼른 문질렀다. 그러자 험상궂은 램프의 노예가 나타나서 물었다.

"주인님, 무슨 일입니까?"

"잘 듣거라."

알라딘이 말하였다.

"임금님은 나에게 공주와 혼사를 맺어 주기로 약속을 했었다. 그래 놓고, 대신의 아들과 혼사를 정하였다. 오늘 그 두 사람이 결혼을 한다고 한다. 그 두 사람을 결혼식이 시작하기 전에 내게로 데려오도록 하라."

"예, 잘 알겠습니다."

램프의 노예는 이렇게 대답하고 자취를 감추었다.

그날 밤 늦게 어머니가 잠든 후, 험상궂은 램프의 노예는 공주와 대신의 아들을 데리고 왔다.

알라딘은 램프의 노예에게 명령하여 대신의 아들을 화장실로 내쫓고, 거기서 자게 하였다. 그리고 공주를 자기 방으로 데리고 왔다.

이튿날 아침이 되었다.

공주가 궁궐로 돌아갔을 때, 궁궐 안에서는 공주를 찾느라고 온통 야단법석이었다. 임금은 공주에게 지난밤의 일을 물었다. 그러나 공주는 입을 열지 않았다.

드디어 임금은 화가 잔뜩 나서 공주에게, 이야기하지 않으면 목을 베어 버리겠다고 말하였다.

할 수 없이 공주는 간밤에 일어났던 무서운 일에 대하여 빠짐없이 이야기를 하였다.

이야기를 들은 임금은 매우 걱정이 되었으나,

"이제는 그런 무서운 일이 두 번 다시 일어나지 않도록 해 주마."
하고 부드러운 목소리로 달래었다.

한편, 대신의 집에서도 역시 아침에 돌아온 아들이 대신에게 지난밤의 이야기를 낱낱이 고해 바쳤다.

"이제는 그처럼 무서운 일을 당하기보다는 차라리 죽어 버리는 것이 낫겠습니다."

대신의 아들은 겁에 질려 말하였다.

그래서 두 사람은 결혼을 못하게 되었고, 거리의 잔치 기분도 가라앉게 되었다.

그 후 한 달이 지나, 임금과 약속한 석 달째가 되었다. 알라딘은 또 어머니를 졸라 임금께 가 뵙도록 하였다.

궁궐로 찾아온 알라딘의 어머니를 보자 임금은 난처해졌다. 그래서 대신들과 의논을 하였다.

"큰일났구려! 내가 약속한 건 사실이지만, 재봉사의 아들에게 공주를 시집보낸다는 건 영 마음이 내키지 않소."

"너무 걱정하지 마소서. 거절할 수 있는 묘한 방법이 있습니다. 알라딘에게 어떠한 부자라도 할 수 없는 선물을 하라고 명하시면 되지 않겠습니까?”

“그것 참 좋은 생각이오.”

임금은 무릎을 치며 좋아하였다. 임금은 알라딘의 어머니를 가까이 불러 말하였다.

“임금은 약속을 어기지 않는다. 나도 그대와 석 달 전에 한 약속을 지켜서 그대의 아들과 혼사를 맺으려고 생각하였다. 하지만, 그보다 먼저 그대의 아들은 순금 상자 40개에 보석을 가득 넣어서 40명의 노예에게 지워 가져오지 않으면 안 된다. 집에 가서 아들에게 이 말을 전하거라.”

알라딘의 어머니는 알라딘이 그렇게 많은 보석을 어떻게 구할 수 있을까 생각하며, 체념하고 집으로 돌아왔다.

‘도대체 40명의 노예를 어떻게 구한담.’

그러나 이 사실을 전해들은 알라딘은 아무렇지도 않게 생각하였다.

“어머니, 그런 건 문제없습니다. 공주를 위하여 그것보다 훨씬 더 훌륭한 일을 해 보일 테니까요!”

어느 날, 알라딘은 어머니가 장에 나간 사이에 신기한 램프를 꺼내어 램프의 노예를 불렀다. 알라딘은 그에게 임금이 원하는 것을 말하고는 마련해 달라고 하였다.

잠시 후, 40명의 노예가 보석이 가득 든 순금 상자 40개를 들고 나타났다. 알라딘의 좁은 집은 노예들로 가득하였다.

램프의 노예는 금방 사라졌다.

장에 갔다 돌아온 어머니는 이 광경을 보고 깜짝 놀랐다.

“어머니, 이 선물을 임금님께 보내야 하니까, 어렵지만 한 번만 더 궁궐로 가 주세요.”

알라딘이 말하였다.

어머니는 궁궐을 향하여 길을 나섰다. 마을 사람들은 이 엄청난 보석의 행렬을 보고 모두 입을 딱 벌린 채 할말을 잃었다.

임금은 이 선물 행렬을 보고 알라딘의 어머니에게 말하였다.

"돌아가서 아들에게 전해 주오. 내가 두 팔 벌리고 기다리고 있다고."

어머니는 기쁨에 넘치는 표정을 감추지 못하고 나는 듯이 집으로 돌아왔다. 그리고 알라딘을 불렀다.

"임금님께서 네게 공주님을 주실 것 같다. 두 팔 벌리고 환영을 하신다고 하셨으니, 자 빨리 가자."

알라딘은 자기 방으로 돌아와서 램프를 꺼내어 문질렀다. 램프의 노예를 부르기 위해서였다.

"목욕을 할 테니 준비를 하거라. 그리고 임금님과 똑같은 훌륭한 옷을 가져오너라."

알라딘은 이렇게 명령을 하였다.

말이 채 덜어지기도 전에 램프의 노예는 알라딘을 커다란 대리석 목욕탕으로 안내하였다.

알라딘이 목욕을 마치자, 램프의 노예는 금실과 은실로 수놓은 눈부신 옷을 갖다 주었다.

"이 밖에 더 필요한 것은 없으십니까?"

램프의 노예가 물었다.

"아직, 하나 더 부탁할 게 있다."

알라딘은 더 필요한 것을 이야기하였다.

"임금님이 타시는 말보다 더 훌륭한 말 한 마리와, 내가 데리고 갈 노예 스무 명, 그리고 금화 1만 닢을 열 개의 부대에 담아 가지고 오너라."

"예, 알겠습니다."

램프의 노예는 사라진 지 얼마 안 되어 그것을 모두 알라딘에게 가져왔다.

알라딘은 여유 있는 태도로 번쩍 말에 올라탄 후, 많은 노예를 이끌고 궁궐로 향하였다.

가는 길에 노예들은 길가에 늘어선 사람들에게 부대의 돈을 한줌씩 뿌려 주었다. 이것을 본 사람들은 아우성을 쳤다.

드디어 궁궐에 이르렀다.

임금은 알라딘의 훌륭한 모습을 보자, 한눈에 마음이 끌렸다. 그래서 몸소 궁궐 안으로 안내하여 곧 결혼식을 올리도록 하였다.

공주도 알라딘이 가져온 보석을 보고 눈이 휘둥그레졌다. 공주는 그 보석을 보고는 우울하였던 마음이 없어지고, 기쁨에 가슴이 벅차 올랐다.

알라딘과 공주는 그날 밤, 늦도록 흥겹게 춤을 추었다.

새 램프와 헌 램프

한편, 아프리카로 돌아온 마술사는 램프를 자기 손에 넣지 못하여, 분하여 어쩔 줄 몰랐다.

'알라딘은 지금쯤 굴 속에서 백골이 되었겠지.'

이렇게 생각한 마술사는 마술 안경을 꺼내어 굴 속을 들여다보았다. 그러나 아무리 찾아봐도 알라딘은 보이지 않았다. 어디있나 찾아보았더니 죽기는커녕 오히려 훌륭한 궁궐에서 공주와 살고 있는 것이 마술 안경을 통해 보였다.

마술사는 분하고 원통하여 알라딘이 있는 곳으로 출발하였다. 그는 밤낮없이 쉬지 않고 걸었다.

마술사가 도착하자, 알라딘은 먼 곳으로 여행을 떠나고 없었다. 그래서 마술사는 한 가지 꾀를 생각해 내었다.

장에 가서 램프를 여러 개 사서 그것을 상자에 짊어지고, 이렇게 외치면서 대궐 쪽으로 갔다.

"헌 램프를 새 램프로 바꾸어 드립니다. 헌 램프를 바꾸어 드립니다."

마을 사람들은 무척 재미있다는 듯이 따라다녔다.

"저 사람, 참 이상하다. 헌 램프를 새 램프와 바꾸어 주다니!"

마을 사람들은 웅성거렸다.

궁궐에 있던 공주도 마침내 이 소리를 듣게 되었다.

"도대체 무슨 일로 이렇게 웅성거리지?"

가까이 있는 시녀를 불러 물어보자, 헌 램프를 새 램프로 바꾸어 준다고 하는 것이었다.

"그 사람은 바보이거나 미치광이일 겁니다. 공주님 방에 있는 헌 램프를 바꾸면 어떻겠습니까?"

공주는 그 램프가 요술 램프인 줄은 전혀 몰랐기 때문에 그렇게 하라고 허락하였다.

"가서 새 램프로 바꾸어 달라고 하려무나."

시녀가 램프를 가져오자, 마술사는 그것이 바로 그 신기한 램프임을 한눈에 알아보았다. 그는 시녀에게 새 램프를 건네주고는 눈 깜짝할 새에 사라져 버렸다.

마술사는 성문 밖의 조용한 곳에 이르러 램프를 꺼내어 문질렀다. 그러자, 곧 램프의 노예가 나타났다.

"주인님, 무엇이 필요하십니까?"

"날이 어두워지면 알라딘의 궁궐을 공주와 함께 아프리카로 옮겨 다오. 그런 뒤에 나도 그곳으로 옮겨 다오."

마술사가 일렀다.

"그렇게 하겠습니다."

험상궂은 램프의 노예는 일단 사라졌다가 해가 질 무렵에 다시 나타났다.

"잠깐 동안만 눈을 감고 계십시오. 눈을 떴을 때는 아프리카에 계실 겁니다."

과연, 마술사가 눈을 떴을 때는 공주도 자기도 아프리카에 와 있었다.

다음 날 아침, 임금은 잠이 깨자 여느 때처럼 창 너머로 공주의 궁을 바라보았다. 그러나 공주가 사는 궁궐은 하룻밤 사이에 온데간데없었다.

"대관절 어찌 된 일인가?"

곧 대신을 불러서 물어보았지만 그도 무슨 영문인지 몰라 어리둥절할 뿐이었다.

한참 동안 임금과 대신들은 입을 다물고 아무 말도 못하였다.

대신이 임금에게 아뢰었다.

"임금님, 전에도 말씀드렸습니다만, 이것은 마술의 장난임에 분명합니다. 하룻밤 사이에 궁궐이 세워지기도 하고 사라져 버리기도 하니, 마술의 힘이 아니고는 할 수 없는 일입니다."

"알라딘, 알라딘은 어디 있는가?"

임금은 알라딘을 찾았다.

화가 난 임금은 많은 군사를 풀어 알라딘을 잡아오라고 명령하였다.

알라딘은 곧 붙잡혔다. 그러나 알라딘은 자기가 잡혀가는 이유를 몰랐다. 임금의 명령이라고 하는 말은 더욱 가당치도 않다고 생각되었다.

알라딘이 잡혀오는 것을 본 성 안 사람들은 모두 걱정하면서 군사들의 눈을 피하여 그 뒤를 따라갔다. 알라딘은 이렇게 백성들과 친해져 있었다. 임금은 알라딘을 사형에 처하라고 명령을 내렸다.

그러자 백성들이,

"와아, 와아!"

하고 소리치면서 궁궐로 밀려들었다.

"알라딘을 살려 줘라! 죽이지 말아라!"

백성들은 이렇게 외치면서 사형을 반대하였다.

이렇게 되자, 임금도 알라딘을 용서할 수밖에 없었다.

알라딘은 임금 앞으로 가서 정중하게 물었다.

"제가 무슨 죄를 지었는지 그걸 알려 주십시오."

"이 놈, 아직도 시치미를 떼는구나. 이리 와서 보거라."

임금이 손가락으로 가리키는 곳을 보니, 궁궐이 온데간데없었다. 알라딘은 깜짝 놀랐다. 정말 이상한 일이었다.

"너의 궁궐이 어디로 갔느냐? 나의 사랑하는 공주는 어디로 갔느냐 말이다."

임금은 큰 소리로 외쳤다.

알라딘은 뭐라고 대답해야 좋을지 몰랐다. 그는 임금에게 40일만 여유를 달라고 청하였다.

알라딘은 그 후로 열흘 남짓, 미치광이처럼 공주를 찾아 헤매었다. 그 누구에게 물어도 공주의 소식은 알 수 없었다. 알라딘의 능력으로는 도무지 알아낼 길이 없었다.

어느 날, 알라딘은 강가에 이르렀다. 그는 차라리 강물 속으로 풍덩 빠져 죽고 싶은 생각이 들었다.

알라딘은 두 손을 모아서 마지막 기도를 드렸다. 그러다 자기도 모르게 손가락에 낀 반지를 문지르게 되었다. 그러자 전에 동굴에서 알라딘을 구해 준 반지의 노예가 나타났다.

"주인님, 무슨 일이십니까?"

이 말을 듣자, 알라딘은 당장 죽었다가 살아난 듯 기뻐서 어쩔 줄을 몰랐다.

"사랑하는 나의 공주가 어디 있는지 빨리 좀 찾아서 다시 되돌려 다오. 그리고 나의 궁궐도!"

그러자 반지의 노예는 유감스러운 듯 말하였다.

"나는 반지의 노예이므로 그런 일은 못합니다. 그런 건 램프의 노예에게 부탁해야 합니다."

"그럼, 나를 공주가 있는 곳까지 데려다 다오. 그것은 되겠지?"

알라딘이 애타게 말하였다.

"예, 그 일이라면 할 수 있습니다."

반지의 노예는 눈 깜짝할 사이에 알라딘을 아프리카에 있는 공주의 궁궐 뒤뜰에 데려다 주었다.

잠자는 약

사방은 마치 검은 장막을 드리운 것처럼 어둠에 싸여 있었다.

알라딘은 너무나 피곤하여서 그만 공주의 방 창밖에서 깊은 잠에 빠져들었다. 알라딘이 눈을 떴을 때는 이미 먼동이 튼 뒤였다.

그때, 마침 공주는 막 일어나서 창문을 열고 있었다. 공주는 창밖에 알라딘이 있는 것을 보고 깜짝 놀랐다.

"알라딘!"

공주가 소리쳐 불렀다. 공주는 곧 문을 열고 시녀를 시켜 알라딘을 모셔오라고 하였다. 알라딘은 공주의 손을 꽉 잡고 한참 동안 기쁨에 못 이겨 말을 못 하였다.

"먼저 물어볼 것이 있소. 내 방 구석에 놓아두었던 램프는 어떻게 했소?"

알라딘이 다급하게 물었다.

"새 램프와 바꾸었어요."

공주는 말을 하다가 문득 생각나는 게 있어서 아차 싶었다.

"아아, 그것을 바꾼 것이 잘못이었군요!"

공주는 말끝을 흐리고는 램프를 바꾸자고 하던 이상한 사나이에 대한 이야기를 자세히 설명하였다.

"그래, 그 헌 램프는 지금 어디에 있소?"

"그것은 저 나쁜 마술사가 언제나 손에 쥐고 있습니다. 그 사나이는 날마다 저녁이 되면 나를 찾아옵니다. 아내가 되어 달라고요. 그렇지만 이제까지 뿌리쳐 왔어요."

공주가 울먹이며 말하였다.

"됐소, 되었소! 이제 걱정할 것 없소. 잠시 나갔다가 변장하고 오겠으니 조금만 기다리시오."

알라딘은 곧바로 장에 가서 마취약을 사 가지고 돌아왔다. 그 약을 공주의 손에 쥐어 주며 알라딘은 공주에게 말하였다.

"오늘 밤, 마술사가 또다시 찾아오면 아주 반갑게 맞아 주는 척하면서 술을 권하시오. 그때 술잔에 이걸 슬쩍 넣어서 마시게 하는 거요. 그 다음 일은 내가 알아서 할 테니. 알았소?"

공주는 그날 밤, 가장 아름다운 옷을 입고 마술사가 오기를 기다렸다. 드디어 마술사가 나타났다. 여느 때보다도 아름다운 공주를 보자, 마술사는 가느다란 눈을 더욱 실같이 뜨고 공주에게 다가갔다.

"당신이 말한 것처럼 알라딘은 아버지의 명령에 의해 죽은 것 같아요. 더 이상 기다려도 소용없는 일인 것 같으니, 그이는 깨끗이 잊겠어요. 그리고 오늘부터 밝고 명랑하게 살겠어요. 같이 술이라도 마시지 않겠어요?"

공주는 눈치를 보아 가면서 애교를 부렸다.

마술사는 곧 안으로 들어가서 술을 가져왔다. 공주는 기회를 노리다가 술잔에 약을 탔다. 그것을 모르는 마술사는 술을 단숨에 들이켰다. 그리고는 바로 마루에 쓰러졌다.

공주는 재빨리 뒷문을 열었다. 그러자 알라딘이 들어와서 마술사의 품안에서 신기한 램프를 꺼내었다.

"자, 되었소! 뒷일은 내가 처리하겠으니 잠깐 자리를 비켜 주시겠소?"

알라딘이 말하자, 공주는 구석으로 몸을 피하였다.

알라딘은 칼을 뽑아 단번에 마술사의 가슴을 찔렀다.

알라딘이 램프를 문지르자, 험상궂은 램프의 노예가 나타났다.

"이 궁궐을 원래 있던 곳으로 옮겨 다오!"

알라딘이 말하였다.

램프의 노예가 사라지자 궁궐은 한두 번 크게 흔들렸다. 그러더니 눈 깜짝할 새에 알라딘은 공주와 함께 그 전의 궁궐 자리로 돌아와 있었다.

그 다음 날, 임금은 궁궐이 전과 같이 그 자리에 서 있는 것을 보고 자기의 눈을 의심하였다. 그러나 그 전의 궁궐임에 틀림이 없었다.

임금은 서둘러 말을 타고 알라딘의 궁궐로 건너갔다. 마침 알라딘도 임금이 있는 곳으로 가려던 중이었다.

알라딘은 임금을 곧 공주의 방으로 모셨다.

공주는 임금을 보더니 그만 기쁨의 눈물을 흘렸다. 공주는 그 동안 일어났던 일을 모두 이야기하였다.

임금은 그때서야 알라딘을 의심하였던 일을 후회하였다.
이후로 알라딘과 공주는 궁궐에서 평화롭고 행복한 나날을 보내었다.

말하는 새

강물에 띄워 보낸 두 왕자와 공주

옛날 페르시아에 코스루샤라는 이름을 가진 임금이 있었다.

이 임금은 밤이면 변장을 하고 성 안 사람들이 어떻게 살아가고 있나 살피기 위하여 돌아다니는 것을 좋아하였다.

어느 날 밤, 여느 때와 마찬가지로 신하를 데리고 길을 걷던 임금이 한 집에 이르자, 처녀들이 모여 재미있는 이야기를 하는 소리가 들려왔다.

임금은 그 집 대문 틈으로 안을 들여다보았다.

얼굴이 예쁜 세 자매가 각각 자기가 원하는 신랑감에 대한 이야기를 하고 있는 것이었다.

"나는 임금님의 빵 굽는 사람에게 시집가고 싶어. 그러면 날마다 맛있는 빵을 먹을 수 있겠지!"

첫째 딸의 소원이었다.

"나는 임금님의 요리사한테 시집가고 싶어. 그러면 좋은 음식을 다 맛볼 수 있을 거야."

둘째 딸이 샘내듯 말하였다.

"나는 임금님에게 시집가고 싶어. 그러면 금발에 장밋빛 뺨을 한 귀여운 왕자를 낳을 수 있으니까."

막내딸이 지지 않겠다는 듯 말하였다.

임금은 세 처녀의 소원을 다 들어 주고 싶었다. 그래서 옆에 있는 신하에게 분부를 내렸다.

"이 집을 잘 알아두었다가, 내일 아침에 이 자매들을 나에게 데려오너라."

이튿날, 세 처녀들은 임금 앞으로 불려 왔다. 임금은 이 처녀들에게 조용히 말하였다.

"간밤에 그대들이 즐겁게 이야기했던 것을 다시 한번 말해 보아라."

임금의 뜻밖의 말에 세 처녀들은 얼굴을 붉히며 고개를 떨어뜨렸다. 그녀들은 아무 말도 하지 못하였다.

임금은 재미있다는 듯이 처녀들의 난처한 표정을 번갈아 바라보며 재촉하였다.

"부끄러워할 것 없다. 오늘 너희를 부른 것은 내가 너희의 소원을 들어 주려고 하는 것이다."

임금은 세 처녀 중 막내딸에게는,

"너는 나의 아내가 되고……."

라고 말하였다. 나머지 두 자매에게는,

"너희 중 한 사람은 나의 빵 굽는 사람의 아내가 되고, 하나는 나의 요리사의 아내가 되거라."

하고 명령하듯 말하였다.

이 말을 들은 세 처녀는 임금의 발 아래에 엎드린 채 누구도 입을 열지 못하였다.

제일 난처해진 막내딸이 먼저 입을 열었다.

"제가 이야기한 것은 장난이었습니다. 임금님의 아내가 된다는 것은 제 분수에 맞지 않는 일입니다."

남은 두 자매도 여러 가지로 변명을 하였다. 그러나 임금은 그녀들의 말을 받아들이지 않았다.

"나의 마음은 이미 결정되었다. 너희의 소원을 들어주는 것이 내 소원이기도 하니, 염려 말아라."

그래서 그날 바로 세 쌍의 결혼식이 거행되었다.

막내딸의 결혼식은 임금과의 결혼이었으므로, 매우 성대하게 벌어졌다. 그러나 두 언니는 궁궐의 빵 굽는 사람과 요리사와의 결혼이기 때문에 좀 쓸쓸하였다.

두 언니들은 동생의 결혼식이 자신들과는 비교도 안 되는 것이었으므로 무척 슬퍼하였다.

"대체 막내의 어디가 좋아서 그러실까? 임금님도 좀 이상한 분인 것 같아."

"정말 그래! 네가 훨씬 더 예쁜데."

두 언니는 질투심이 활활 타올랐다. 그래서 그녀들은 기회를 틈타 동생을 불행하게 만들려고 흉측한 마음을 품게 되었다.

세월이 흘러 왕비가 된 막내딸은 아름다운 왕자를 낳았다.

그러자 두 언니는 갓난 왕자를 재빨리 낡은 이불에 싸서 상자에 담아 궁궐 앞을 흘러가는 강에다 떠내려 보내었다.

그리고는 임금에게 나아가 이렇게 아뢰었다.

"왕비가 낳은 것은 사람이 아니라, 강아지였습니다."

두 언니의 괴상망측한 말에 임금은 화를 내며 무척 슬퍼하였다. 임금은 그런 괴상한 것을 낳은 왕비를 죽여 버리라고 명령을 내렸다. 그러나 신하들이 한사코 말리는 바람에 왕비는 겨우 죽음을 면하였다.

왕자가 담긴 상자는 강을 따라 흘러가다가 이윽고 궁궐 뜰 앞 모퉁이에 닿았다.

마침 대신 하나가 그 앞을 지나가다가 그것을 발견하였다. 그는 곧 상자를 건져 안을 들여다보았다.

거기에는 잘생긴 갓난아기가 들어 있었다.

대신은 아기를 보고,

'이것은 알라 신이 아이가 없는 우리 부부를 불쌍히 여겨 보내주신 것이 틀림없다!'

라고 생각하며 집으로 아기를 안고 왔다.

아기를 받아 안은 그의 부인은 기뻐서 어쩔 줄 몰랐다.

두 부부는 너무도 기뻐서 그 아기가 어떤 아기인지 알아보려고도 하지 않았다.

그 후, 한 해가 지나 왕비는 또 왕자를 낳았다.

마음씨 나쁜 두 언니는 이번에도 왕자를 상자에 담아 강에 버렸다.

그러고는 임금에게 거짓을 아뢰었다.

"왕비가 이번에는 고양이 새끼를 낳았습니다."

임금은 이번에는 왕비를 기어이 죽여 버리겠다고 결심을 하였다. 그러나 이번에도 신하들이 필사적으로 말리는 바람에 죽이지 못하였다.

강물에 흘러가던 둘째 왕자도, 첫째 왕자를 발견하였던 그 대신에게 구원을 받았다.

3년째 되던 해에 왕비는 또 아기를 낳았다. 이번에는 귀여운 공주였다.

그러나 공주도 나쁜 두 언니들 손에 의하여 마찬가지로 강에 띄워 보내졌다. 그렇지만 이번에도 역시 그 대신에게 구원을 받게 되었다.

마음 나쁜 두 언니는 임금에게 가서 아뢰었다.

"왕비께서 이번에는 나무토막을 낳았습니다."

임금은 이제 직접 왕비를 죽이려 하였다.

그러나 왕비는 원래 마음이 어질고 아름다웠으므로, 궁궐 안의 모든 사람들이 한결같이 말렸다. 임금도 하는 수 없이 왕비의 목숨을 살려 주기로 하였다.

왕은 이렇게 명령을 내렸다.

"왕비의 목숨을 살려 두는 대신, 감옥에 가두어 지나가는 사람은 누구나 다 침을 뱉도록 하거라. 침을 뱉지 않는 사람도 역시 감옥에 가두도록 하거라."

신하들도 더 이상 임금의 마음을 누그러뜨릴 수 없다는 것을 알고 어쩔 수 없이 왕비를 감옥에 가두었다.

두 언니들은 이 광경을 보고 마음속으로 기뻐하였다.

왕비는 어떤 저항도 없이 창살로 된 그 감옥 안에 묵묵히 앉아 있었다.

이상한 보물

대신의 손에 의하여 구출된 두 왕자와 공주는 귀엽고 훌륭하게 잘 자랐다.

첫째는 바만, 둘째는 파베즈, 공주는 페리자드라고 이름을 지었는데, 그것은 옛날의 훌륭한 사람들의 이름을 따서 지은 것이었다.

세 아이들은 학문은 물론 음악이나 말타기도 썩 잘하였다. 그들의 뛰어난 기억력은 선생님도 놀랄 지경이었다.

그 동안 대신은 아이들을 조용한 시골에서 키우고 싶어서 궁궐에서 멀리 떨어진 곳에다 집을 지었다. 그곳에는 나무와 꽃, 새와 짐승들이 많아서 아이들은 마음껏 뛰놀며 지냈다.

마침내 대신은 벼슬에서 물러나, 시골에 와서 아이들과 즐거운 나날을 보냈다. 그러다가 나이 탓인지 병이 들어 죽고 말았다.

신하의 아내는 그보다 먼저 세상을 떠났기 때문에 아이들을 데려다 키웠다는 사실은 아무도 몰랐다.

대신의 장례를 치른 아이들은 집을 떠나 성 안으로 들어가 살 생각이 없었으므로 계속 시골에 머물러 사이좋게 지내며 살았다.

그러던 어느 날이었다.

바만과 파베즈가 사냥을 나가고 페리자드만 남아 있는데 웬 할머니가 찾아왔다. 할머니는 길을 가다가 기도를 드릴 시간이 되어 들어왔다고 하면서, 기도하는 방을 좀 빌려 달라고 하였다.

페리자드는 친절하게 할머니를 안으로 모셨다. 그리고 할머니의 기도가 끝나자 맛있는 음식을 가져다 주었다.

이 할머니는 믿음이 깊은 사람으로, 여러 나라를 돌아다녀 보았기 때문에 이곳저곳의 지리를 잘 알았다.

"이 집은 돌아가신 아버지가 지어 주신 집이기 때문에, 우리에게는 잊을 수 없는 집이에요."

여러 가지 이야기를 하던 끝에 페리자드가 이렇게 말하였다.

"나는 많은 집들을 보아 왔지만, 이렇게 좋은 집은 처음입니다. 방이나 뜰이나 모두 훌륭합니다. 그러나 부족한 게 세 가지 있습니다."

할머니의 말에,

"그 세 가지가 무엇인가요?"

하고 페리자드가 다가앉으며 물어보았다.

"첫 번째는 말하는 새입니다. 이것은 이상한 새로, 그 소리를 들으면 주위에 있는 새가 다 함께 모여 노래를 불러요. 두 번째는 노래하는 나무입니다. 이 나무의 잎들이 바람에 나풀거리면 아름다운 노랫소리가 끊임없이 흘러나오지요. 세 번째 부족한 것은 금빛 물입니다. 이 물은 그릇에 한 방울만 떨어뜨리면 당장 그릇 가득 물이 차 분수처럼 솟아오른답니다."

할머니는 차분하게 설명해 주었다.

"그런 신기한 것이 어디에 있나요?"

페리자드는 귀여운 눈을 반짝이며 물었다.

"그것은 세 개 다 동쪽에 있는 인도라는 나라에 있어요. 여행길을 떠나 스무 날 만에 처음으로 만나는 사람에게 물어보면 어디에 있는지 알려줄 겁니다."

할머니는 이렇게 말하고 조용히 일어나 집을 나갔다.

밤이 되자 오빠들이 돌아왔다. 페리자드는 할머니에게 들은 이야기들을 생각하며 넋을 잃고 멍하니 앉아 있었다.

"페리자드, 무슨 걱정거리라도 있니?"

페리자드는 낮에 있었던 일을 이야기하였다.

"오늘 오빠들이 없는 사이에 순례하는 할머니가 찾아와 우리 집에 아직 부족한 것이 있다면서, 말하는 새와 노래하는 나무와 금빛 물 이야기를 했어요. 저는 그것을 갖고 싶어요."

"그렇다면 어디에 있는지 내가 찾아오도록 하마."

다음 날 아침, 바만이 말을 타고 떠나려 하자, 페리자드가 말고삐를 잡고 말렸다.

"그만두세요, 오빠! 여행하는 동안 무슨 일이라도 생기면 큰일이에요. 나는 이제 아무것도 갖고 싶지 않아요."

그러나 바만은 싱글벙글 웃으며 말하였다.

"걱정할 것 없어. 조심해 갈 테니까. 하지만 만일을 위해서 이 단도를 두고 가겠다. 이 단도가 흐리지 않고 빛나면 무사한 것이고, 만약 피

가 묻어 있다면 내게 무슨 변이 일어났다고 생각하거라."

바만은 이렇게 말하면서, 허리에 찬 단도를 페리자드에게 주고 동쪽을 향하여 길을 떠났다.

돌이 된 왕자

바만은 줄곧 동쪽을 향하여 말을 달렸다.

20일째 되던 날, 외딴집 옆 큰 나무 아래에 앉아 있는 한 할아버지를 만났다. 그 할아버지는 머리카락은 하나도 없고, 수염만 땅에 닿을 만큼 길었다.

집을 떠난 지 20일 만에 처음으로 사람을 만난 바만은 퍽 반가운 생각이 들었다. 바만은 말에서 내려 할아버지에게로 달려갔다. 바만이 공손하게 인사를 올리자, 할아버지는 정중하게 인사를 받았다.

바만은 할아버지가 말할 때마다 긴 수염이 입을 가려 도무지 무슨 말을 하는지 알아들을 수가 없었다. 바만은 생각 끝에 부대 속에서 가위를 꺼내었다.

"할아버지, 수염이 너무 많이 자랐어요. 잘라 드릴까요? 그러면 보기에도 좋을 텐데요."

할아버지는 고개를 끄덕였다. 바만이 수염을 자르는 동안 할아버지는 기분이 좋은 듯 가만히 있었다.

"고맙네, 고마워!"

할아버지는 시원하다는 표정으로 말하였다.

"젊은이, 내가 할 수 있는 일이라면 무엇이든지 해서 보답하겠소."

그러자 바만이 이야기를 꺼내었다.

"저는 멀리서 이곳까지 세 가지 물건을 찾으러 왔습니다. 그것은 말하는 새와 노래하는 나무와 금빛 물입니다. 세 가지 다 이 근처에 있는 모양인데, 어디에 있는지 알고 계시면 좀 가르쳐 주시지 않겠습니까?"

할아버지는 한참 동안 말이 없었다. 그러다가 무겁게 입을 열었다.

"나는 분명히 그곳을 알고 있소. 그러나 친절한 당신에게는 가르쳐 주기가 어렵소."

"그건 무슨 까닭입니까? 뭐, 위험한 일이라도 있습니까?"

"그렇소."

할아버지가 대답하였다.

"지금까지 몇십 명이나 되는 젊은이들이 내 말을 듣지 않고 무턱대고 갔소. 그러나 한 사람도 살아 돌아온 사람은 없었소. 목숨이 아까우면 내 말을 듣고 그냥 되돌아가는 것이 좋을 거요."

"어떠한 위험이 있더라도 저는 용감하게 이 모험을 해 보겠습니다."

바만은 자신만만하게 말하였다.

할아버지는 더 이상 말리지 못하고, 옆에 있는 광주리에서 공 하나를 꺼내 주면서 말하였다.

"그럼, 이 공을 가지고 가시오. 말에 오르면 곧 이 공을 앞으로 던지시오. 그러면 공은 굴러가 산기슭에 멈출 것이오. 그 지점에서 말에서 내려 말고삐를 말 목에 그냥 걸쳐 놓아도 말은 돌아올 때까지 아무 데도 가지 않을 것이오. 산을 타고 올라가면 양쪽에 거무튀튀한 돌이 흩어져 있는 것이 보일 것이오. 거기서 좀더 가면 뒤에서 무서운 소리가 들릴 것이오. 그렇지만, 그 소리는 상관하지 말고 앞으로 나아가시오. 잠시라도 뒤를 돌아보면 그대는 돌이 되어 버릴 것이오."

할아버지는 잠시 쉬었다가 다시 이야기를 하였다.

"그곳을 무사히 지나면 아름다운 새장이 있소. 그 안에 바로 말하는 새가 있소. 그 새에게 물어보면 노래하는 나무와 금빛 물이 어디 있는지 가르쳐 줄 것이오."

바만은 할아버지에게 고맙다는 인사를 드리고 나서 말을 탔다.

그는 할아버지가 일러준 대로 공을 던졌다. 그러자 공은 화살처럼 빨리 굴러서 산기슭에 가서 멈추었다. 거기서 바만은 말에서 내려 고삐를 말 목에 얹어 놓았다.

바만은 드디어 험한 산길을 오르기 시작하였다. 과연 검은 돌들이 사방으로 흩어져 있었다. 좀더 올라가니, 뒤에서 무서운 소리가 들려왔다.

"이 나쁜 놈아!"

"멈춰라! 저 놈에게 주어서는 안 된다."

"죽여라!"

"살려줘요!"

그러나 바만은 꾹 참고 앞으로 나아갔다.

소리는 점점 커지고 가까이에서 들리는 것 같아, 금방이라도 돌아보고 싶은 마음이 치밀었다. 바만의 다리는 와들와들 떨려서 한 걸음도 앞으로 나아갈 수가 없었다.

바만은 너무 무서워서 차라리 산을 내려갈까 생각하며, 자신도 모르게 뒤를 보고야 말았다.

그 순간, 바만은 검은 돌로 변해 버렸다.

한편, 페리자드는 밤낮으로 단도를 꺼내어 보며 오빠 걱정을 하였다.

바만이 돌로 변하던 날, 단도에 피가 묻어 있었다.

페리자드는 단도를 떨어뜨리며,

"내가 잘못했어. 욕심 때문에 세 가지 보물을 탐내서 이런 변이 생겼어. 이를 어쩌면 좋을까?"

하고 통곡을 하였다.

파베즈도 형을 잃은 슬픔에 잠겼다.

"내가 대신 가겠다. 형님에게 무슨 일이 생긴 게 분명해. 조심하면 될 거야. 내가 갔다 오마."

페리자드는 파베즈 오빠에게도 같은 일이 일어나면 안 된다며 떠나는 것을 한사코 말렸다. 그렇지만 파베즈는 페리자드의 말을 뿌리치고 길을 떠났다.

그러나, 파베즈도 역시 돌로 변하고 말았다.

세 가지 보물

"아, 파베즈 오빠도……."

페리자드는 너무 슬펐으나, 이미 각오를 하고 있었으므로 다음 날 아침 일찍 남자 옷으로 갈아입고 동쪽을 향하여 길을 떠났다.

페리자드는 길 떠난 지 20일째 되던 날, 역시 그 할아버지를 만났다. 그녀는 할아버지에게 보물이 있는 곳을 물었다.

"그대의 모습은 남자인데, 목소리는 틀림없는 여자야. 여자의 몸으로 그렇게 위험한 곳에 가는 것은 좋지 않아요."

"할아버지, 저는 무슨 일이 있어도 그것을 찾지 않으면 안 됩니다. 그리고 오빠들도……."

"오빠들은 무서운 소리에 홀려서 돌이 되고 만 거야. 그 소리란……."

할아버지는 산에 올라갈 때 겪게 될 위험한 모험에 대하여 자세히 설명하였다.

"그때 명심할 것은 어떤 일이 있더라도 뒤를 돌아다봐서는 안 된다는 것이지요? 그렇다면 소리가 안 들리게 솜으로 귀를 꼭 막고 가면 되지 않을까요?"

페리자드가 이렇게 말하자,

"거 참 좋은 생각이야."

하고 할아버지는 무릎을 쳤다. 할아버지는 부대 속에서 공을 하나 꺼내어 페리자드에게 주었다.

페리자드는 산기슭에 이르자, 먼저 귀를 솜으로 막고 검은 돌이 흩어져 있는 산 위로 올라갔다.

계속해서 뒤에서 무슨 소리가 들리는 것 같았으나, 귀를 막았기 때문에 잘 알아들을 수가 없었다.

산은 오를수록 험해졌으며, 소리도 점점 더 커졌다. 그러나 페리자드는 한 번도 뒤를 돌아보지 않고 올라갔다.

마침내 아름다운 새장이 보였다. 이제는 아무 소리도 들리지 않았다.

"자, 이제 너는 내 거야!"

페리자드는 새장을 들고 다정하게 말하며 귀에서 솜을 뺐다. 그러자 새가 지저귀듯 말하였다.

"용감한 아가씨, 나는 당신이 누군지 잘 압니다. 내가 당신에게 도움이 될 날이 있을 겁니다."

"고맙다, 작은 새야. 그럼 먼저 금빛 물이 있는 곳부터 가르쳐 주지 않겠니?"

페리자드도 즐겁게 웃으면서 말하였다.

"그것은 바로 저기 있는 저 샘입니다."

페리자드는 곧 그 샘에 가서 은병에 금빛 물을 담았다. 그리고 나서 또 말하는 새에게 물었다.

"아직 하나 더 갖고 싶은 게 있어. 그것은 바로 노래하는 나무란다."

"노래하는 나무는 바로 저 숲 속에 있습니다."

페리자드가 숲 속으로 들어가자, 나뭇잎이 흔들리며 아름다운 노래가 들려왔다. 페리자드는 그 소리를 듣고 그것이 곧 노래하는 나무라는 것을 알았다. 그 나무는 너무 커서 가져갈 수가 없었다. 말하는 새에게 그 사정을 말하였더니,

"작은 가지 하나만 가져가면 돼요. 뜰에 심으면 큰 나무가 되니까요."
하고 일러주었다.

페리자드는 곧장 숲으로 달려가 나뭇가지 하나를 꺾어 왔다. 이렇게 세 가지 보물은 모두 갖게 되었지만, 산을 그냥 내려갈 수는 없었다.

"나의 두 오빠가 이 산에 올라왔다가 검은 돌이 되고 말았는데, 어떻게 되살리는 방법이 없겠니?"
페리자드가 말하는 새에게 물어보았다.

"그런 것쯤은 문제없습니다. 그 금빛 물을 검은 돌에 뿌리면 곧 사람으로 되돌아옵니다."

산을 내려오면서 페리자드는 돌에 금빛 물을 한 방울씩 뿌렸다. 돌은 다시 사람으로 변하였다. 물론 페리자드의 두 오빠도 되살아났다.

"아, 잘 잤다!"
오빠들은 기지개를 켜면서 일어났다.

"오빠, 잘 주무셨어요?"
페리자드는 재미있어 못 견디겠다는 듯이 말하였다.

"내가 오지 않았더라면, 오빠들은 영원히 잠만 잤겠지요. 두 분 다 검은 돌이 되어 있었어요. 이 말하는 새가 금빛 물을 뿌리라고 가르쳐 주었기 때문에 모두 살아난 거예요."

바만과 파베즈는 이 말을 듣고 기뻐하였다. 더욱이 페리자드가 세 가지 보물을 다 가지고 있는 것을 보고는 놀라지 않을 수 없었다. 함께 살아난 사람들도 모두 페리자드에게 고맙다는 인사를 하였다.

마지막으로 산기슭에 있는 돌에 금빛 물을 뿌리자, 말이 다시 살아났

다. 말들도 자고 있었던 것이다.

페리자드는 바만에게 노래하는 나무의 작은 가지를 주고, 파베즈에게는 금빛 물이 담긴 작은 병을 주었다. 말하는 작은 새의 새장은 페리자드가 가지고 탔다.

이때, 다른 사람들도 같이 내려가기를 원하였다. 그 긴 행렬이 할아버지가 있는 곳에까지 이르렀다.

오랜 여행을 하는 동안 다른 사람들은 각각 자기 나라로 돌아가고 마지막으로 세 남매만 남았다.

그리운 집으로 돌아오자, 페리자드는 새장을 뜰에 있는 나무에 걸어 두었다.

말하는 새가 노래를 부르기 시작하자, 어느 틈에 뻐꾸기, 종다리 등 갖가지 새들이 모여들어 다 같이 노래를 불렀다.

페리자드는 노래하는 나무의 작은 가지를 뜰 한쪽에 심었다. 그러자 그 나무는 이내 자라서 푸른 잎이 무성한 훌륭한 나무가 되었다. 바람이 불어오자, 나뭇잎들이 흔들리면서 아름다운 음악 소리를 내었다.

마지막으로 금빛 물을 큰 대리석으로 만든 샘에 뿌렸다. 그러자, 곧 샘에 물이 가득 불어나서 분수처럼 치솟아 올랐다.

이 신기한 세 가지 보물 이야기는 금세 온 나라에 퍼져서, 많은 사람들이 구경을 오게 되었다.

이상한 요리

바만과 파베즈는 여행의 피로가 풀리자, 늘 즐기던 사냥을 시작하였다.

하루는 숲 속에 들어갔다가 뜻밖에도 사냥을 나온 임금과 만나게 되었다. 형제는 말에서 내려 길을 비켜서며 허리를 굽혀 공손히 인사를 하였다.

임금은 얌전한 그들의 모습을 물끄러미 바라보다가 문득 이렇게 물었다.

"너희는 어디에 사는 누구냐?"

"저희는 그 전에 궁궐 뜰을 감독하던 신하의 자식입니다. 아버님이 시골로 이사를 왔으므로 저희도 여기에 살게 되었습니다."

바만이 대답하였다.

"너희도 사냥을 무척 좋아하는 모양이구나!"

"그렇습니다. 언젠가는 임금님을 위해 일하기 위해서 지금 몸과 마음을 닦는 중입니다."

임금은 바만의 말에 매우 기뻐하였다.

"어디 한번 그 솜씨를 보여 다오."

형제는 곧 말을 타고 숲 속으로 들어갔다. 얼마 후 바만은 호랑이를, 파베즈는 곰을 잡아다 임금에게 선물로 바쳤다.

임금이 말하였다.

"둘 다 훌륭한 재주를 가졌군. 이 부근에는 얼마 안 있어 사냥할 것이 없어지겠는데……. 나의 궁궐로 놀러 가는 것이 어떻겠느냐?"

"고마우신 말씀이오나, 오늘은 그냥 돌아가고 싶습니다."

"무슨 이유라도 있느냐?"

"집에서 누이동생이 기다리고 있습니다. 아무튼 저희 세 남매가 의논하여 결정하겠습니다."

바만이 대답하였다.

"좋은 생각이다. 잘 의논해서 내일 이곳에 올 때 다시 만나 대답을 듣기로 하자."

두 형제는 집으로 돌아가서 페리자드에게 이 사실을 자세히 이야기해 주었다.

"오빠들이 임금님의 말씀을 쾌히 승낙하시지 않아서, 그분의 마음이 상하시지 않았나 모르겠어요. 어떻게 하면 좋을지 말하는 새에게 물어보겠어요."

페리자드는 말하는 새에게 다가가서 물어보았다. 그러자 말하는 새가 입을 열었다.

"임금님의 말씀은 어떠한 일이 있더라도 즉시 들으셔야 합니다. 그리고 임금님을 이곳으로 모셔와서 정성껏 대접하는 것이 좋겠어요."

다음 날, 바만과 파베즈는 어제와 같은 장소에서 임금을 만났다.

"누이동생이 뭐라고 하더냐?"

임금이 묻자, 바만이 대답하였다.

"임금님의 말씀에 즉시 따르지 않은 것은 크게 잘못한 것이라고 나무랐습니다. 이제는 어디든지 따라가겠습니다."

임금은 이 말을 듣고 매우 기뻐하면서 두 형제를 데리고 궁궐로 돌아왔다. 임금과 나란히 말을 타고 궁궐로 오는 길에, 이 장면을 본 백성들은 저마다 수군거렸다.

"저 청년들은 대체 누굴까? 임금에게 저런 훌륭한 왕자들이 있다면 얼마나 좋을까?"

임금은 만찬을 준비하게 하여 이 두 형제와 함께 식사를 하였다. 식사를 하면서 임금은 이들과 많은 이야기를 하였다. 어려운 과학 이야기, 그리고 역사 이야기도 나누었다.

바만과 파베즈도 임금 못지않을 정도로 많은 분야에 지식이 풍부하였다.

'이렇게 똑똑한 청년들이 내 아들이라면…….'

임금은 마음속으로 이런 생각을 하였다.

그들과 헤어질 때 임금은 이렇게 말하였다.

"내일도 궁궐로 찾아오기 바라네."

그러자 바만이 말하였다.

"그럴 게 아니오라, 내일은 사냥 나오시는 길에 저희 집에 들러 주십시오. 그러시면 정말 고맙겠습니다."

임금은 기꺼이 그렇게 하겠노라고 대답하였다.

페리자드는 오빠들에게 내일 임금을 모셔온다는 말을 듣고, 어떻게 해야 좋을지 몰라 말하는 새에게로 갔다.

말하는 새는 친절하게 이것저것 가르쳐 주었다.

"이 집 요리는 모두 훌륭하므로 염려할 게 없으나, 오이에 진주를 박은 것을 내놓아야 합니다."

"오이에 진주를 박다니, 처음 듣는 말이로구나. 그리고 우리 집에는 진주도 없는데……."

페리자드는 난처한 듯이 말하였다.

"진주는 내일 아침 일찍 오른쪽 길로 접어들어 가서 첫 번째 나무를 파 보면 얼마든지 있습니다."

말하는 새가 가르쳐 주었다.

페리자드는 다음 날 아침 일찍 하인과 함께 말하는 새가 가르쳐 준 곳으로 갔다.

땅을 조금 파자 네모난 금 상자가 나왔다. 뚜껑을 열자 아름다운 항아리가 있고, 그 안에는 과연 진주가 가득 들어 있었다.

페리자드는 그 상자를 들고 돌아와 오빠들에게 보여주었다. 오빠들은 모두 깜짝 놀랐다. 그들은 어떻게 임금님에게 진주를 박은 오이를 대접할 수 있을까 하고 걱정을 하였다.

"말하는 새는 언제나 정확하게 가르쳐 줘요. 그러니 작은 새가 시키
는 대로 하는 게 좋겠어요."

페리자드가 오빠들을 안심시켰다. 요리사도 이상하다고 생각을 하였
지만, 시키는 대로 해 놓을 수밖에 없었다.

형제는 임금을 맞이하러 숲으로 갔다.

그날은 날씨가 매우 더워, 임금도 일찍 사냥을 마치고 오빠들과 함께
집으로 왔다.

문 앞까지 마중 나온 페리자드를 본 임금은 그 아름다운 모습과 정숙
한 태도를 보고 감탄을 하였다.

'저런 아름다운 아가씨가 내 딸이었다면……'

임금은 자기도 모르게 중얼거렸다.

방안으로 들어가자, 창 너머로 금빛 물이 하늘 높이 솟아오르는 것이

보였다.

"참으로 아름다운 분수로다. 높이도 솟는군……."

임금은 그 금빛 분수 앞에 나아가 넋을 놓고 바라보고 있었다. 그때 어디선가 아름다운 노랫소리가 들려왔다. 합창 소리인데, 노래하는 사람들의 모습은 보이지 않았다.

"이렇게 아름다운 노랫소리가 어디서 들려오는 것일까?"

임금은 궁금하였다.

페리자드는 방긋 웃어 보이며 말하였다.

"저기 서 있는 저 나무가 노래하는 것입니다. 좀 더 가까이 가시면 아실 수 있습니다."

임금은 노래하는 나무 곁으로 가까이 가서 한참 동안 귀를 기울이고 있었다.

"이런 신비한 나무를 어디서 구했지? 먼 나라에서 가지고 온 것 같은데……."

임금이 페리자드에게 물었다.

"임금님의 말씀대로 이 노래하는 나무도, 저 금빛 물도, 말하는 새도 모두 먼 곳에서 가지고 온 것입니다."

말하는 새라는 소리를 들은 임금이 말하였다.

"뭐라고? 말하는 새가 있다고? 그것도 보고 싶구나!"

페리자드는 임금을 말하는 새가 있는 곳으로 안내하였다. 그곳에는 온갖 새들이 지저귀는 소리가 온 하늘에 퍼지고 있었다.

"어떻게 이렇게 많은 새가……."

"저 새장에 있는 말하는 새가 노래를 부르면 나라 안에 있는 온갖 새들이 모여든답니다."

페리자드는 새장 앞에 가서 말하는 새에게 말하였다.

"임금님께서 오셨으니 인사를 드리거라."

그러자 말하는 새는 노래를 그쳤다. 다른 새들도 모두 조용해졌다.

"임금님, 어서 오십시오. 알라신께서 언제까지나 행복하게 해 주실 겁니다."

말하는 새는 똑똑하게 인사를 하였다.

그 동안 방안에는 음식이 차려지고, 임금은 새장이 잘 보이는 창가에 앉았다. 임금은 손을 뻗어 나이프로 오이를 자르려다가 진주가 들어 있는 것을 보고 깜짝 놀랐다.

"이것은 무슨 요리인가? 설마 이 진주를 먹으라는 건 아니겠지?"

아무도 대답이 없었다. 그때 말하는 새가 말하였다.

"진주가 박힌 오이를 이상하게 생각하실 건 없습니다. 옛날에 왕비께서 강아지나 고양이 새끼나 나무토막을 낳았다는 이야기를 이상하게 생각지 않고 믿으셨듯이, 그대로 믿으시면 됩니다."

"그것은 왕비의 언니들이 그렇게 말했으니까 믿을 수밖에……."

"저는 무엇이든지 다 알고 있습니다. 그 나쁜 언니들이 왕비가 된 동생을 시기하여 무서운 음모를 꾸민 것입니다. 여기 있는 세 사람은 임금님의 아들과 딸입니다. 나쁜 언니들은 조카들을 강물에 버렸으나, 착한 신하가 구한 것입니다. 그래서 자기 자식처럼 훌륭하게 키운 것입니다."

말하는 새의 이야기를 다 듣고 난 임금은 지난 일들을 하나하나 떠올려 보았다.

"듣고 보니 네 말이 옳은 것 같구나. 난 이 아이들을 처음 봤을 때부터 내 자식처럼 생각되었다. 자, 이리로 오너라."

임금은 두 왕자와 공주를 힘껏 끌어안았다.

다음 날, 임금은 그때까지 감옥에 갇혀 있던 왕비 앞에서 눈물을 흘리며 사과하였다.

"부디, 나를 용서해 주시오. 오랫동안 너무 고생만 시켜서 정말 미안하오. 자세한 이야기는 궁궐에 들어가서 하기로 하고, 내일은 우리의 아이들을 만나러 갑시다. 우리가 보지도 못했던 우리 아이들이 모두 훌륭한 사람으로 자랐소."

이 소식이 나라에 전해지자, 백성들은 기뻐서 어쩔 줄 몰라 하였다.

다음 날 아침 일찍, 왕비는 임금과 함께 아이들의 집으로 갔다. 두 왕자와 공주는 어머니를 만나자 가슴이 벅차 올라 눈물만 흘릴 뿐이었다.

궁궐로 돌아올 때, 바만 왕자와 파베즈 왕자는 임금의 마차 양쪽에 앉았다. 페리자드 공주는 왕비의 마차에 나란히 앉았다.

거리에는 백성들이 나와 이들을 환영하였다.

그 소리에 맞춰 말하는 새가 지저귀자, 온갖 새들의 합창이 하늘에 울려 퍼졌다.

신기한 목마

하늘로 올라간 목마

페르시아에 사부르라는 임금이 있었다. 그에게는 훌륭한 왕자와 아름다운 세 공주가 있었다.

오늘은 사부르 왕국의 봄 잔칫날이었다.

나라 안은 온통 잔치 준비에 바빴다. 궁궐에는 대신과 많은 사람들이 모여서, 임금에게 온갖 선물을 바치고 축하를 드렸다.

이웃의 여러 나라에서도 축하를 하기 위하여 손님들이 밀려들었다.

인도에서 온 어느 학자는 임금 앞에 나아가 금으로 만든 인형을 선물로 올렸다. 인형의 몸에는 많은 보석이 박혀 있고, 손에는 금으로 된 나팔을 들고 있었다.

"오, 참 훌륭한 것이로다. 그런데 이것은 도대체 어디에 쓰는 것인고?"

임금은 싱글벙글 웃으며 물었다.

"예, 이 인형을 궁궐 문에 세워 둬 보십시오. 만약에 적군이 쳐들어오면, 이 인형이 누구보다도 먼저 적군을 발견하고 나팔을 불 것입니다. 그러면 적군은 저절로 말라죽어 버립니다."

인도의 학자가 설명을 하였다.

그 다음에는 그리스에서 온 학자가 임금에게 묘한 선물을 바쳤다.

은으로 만든 동그란 판 가운데 한 마리의 금 공작이 서 있고, 주위에 두 마리의 금 공작 새끼가 서 있는 것이었다.

"임금님, 이 가운데에 있는 공작은 한 시간마다 새끼들의 머리를 쪼고 홰를 치며 웁니다. 그리고 매달 마지막 날에는 공작이 입을 엽니다. 그 속에는 초승달이 보입니다."

그리스에서 온 학자가 설명을 하였다.

세 번째로 페르시아의 어느 학자가 선물을 바쳤다. 그것은 나무로 만든 말이었다.

검은 나무로 되어 있는 그 말은 군데군데 금은보석이 박혀 있고 안장도 훌륭하였다.

"이것 참 훌륭하구나, 무엇에 쓰는 물건이고?"

임금이 또 물었다.

"이 말은 사람이 타기만 하면 하늘을 날듯 달립니다. 아무리 먼 곳일지라도 하루면 갈 수 있습니다."

페르시아의 학자가 자신만만하게 설명하였다.

진기한 선물을 세 가지나 받은 임금은 무척 기뻤다.

그래서 이 선물을 바친 세 사람에게,

"그대들의 진귀한 선물에 대한 답례를 해야겠는데, 그대들의 소원은 무엇인가?"

하고 물었다.

세 학자는 동시에 말하였다.

"그러시다면 저희에게 공주님 세 분을 나누어 주십시오!"

"좋다, 그대들이 원한다면 들어주겠다."

임금은 서슴지 않고 대답하였다. 옆에서 그 말을 듣고 있던 가장 나이 어린 공주는 슬퍼서 안으로 뛰어 들어가며 울음을 터뜨렸다.

그 이유는 세 번째의 페르시아 학자는 요술쟁이같이 흉악한 외모를 갖고 있었고, 나이가 많은 늙은이였기 때문이었다.

그의 얼굴은 주름투성이였고, 눈은 빨갛고, 코는 가지처럼 뭉툭하여 마치 괴물 같았다.

공주의 우는 소리를 들은 오빠 아크마르 왕자가 찾아와서 걱정을 하였다.

"왜 그러느냐? 무슨 일이라도 있느냐?"

왕자가 부드럽게 물었다. 공주는 자기가 우는 까닭을 이야기하였다.

그 말을 들은 아크마르 왕자는 바로 임금에게로 갔다.

"막냇동생을 시집보내신다니, 대체 그 사나이가 누구입니까? 우는 동생이 가엾어 못 보겠습니다."

"오, 나의 아크마르여! 그는 이 선물을 가져온 사람이니라."

임금은 받아 둔 이상한 선물을 손가락으로 가리켰다.

왕자는 그 선물을 보자, 한눈에 마음에 들었다. 왕자는 뛰어가서 그 말에 올라탔다. 그러나 목마는 꼼짝도 하지 않았다.

페르시아 학자는 공주를 아내로 맞이하게 되었다고 좋아하였으나, 지금 그것을 방해하는 왕자가 미웠다.

그는 가만히 생각하다가 한 가지 꾀를 내었다.

"왕자님, 오른쪽에 있는 작은 나사를 돌려 보십시오."

왕자는 페르시아 학자가 일러 준 대로 나사를 돌렸다.

그러자, 말은 왕자를 태우고 순식간에 공중으로 날아 올라가 하늘 높이 사라져 버렸다.

임금은 걱정스러운 얼굴로 페르시아 학자에게 부탁하듯 말하였다.

"왕자가 탄 말을 돌아오게 해 다오."

"임금님, 그것은 제 힘으로 어쩔 수 없습니다. 왕자님은 내려오는 방법은 묻지도 않고 타셨습니다. 어쩌면 영영 못 돌아오실지도 모르겠나이다."

페르시아 학자는 속으로 우쭐하여서 이렇게 말하였다.

사부르 왕은 속았다는 것을 알고 화가 치밀어 부하들에게 페르시아 학자를 지하 감옥에 가두라고 명령하였다.

한편, 신기한 말을 탄 왕자는 뜨거운 태양 가까이까지 날아갔다.

'잘못하다가는 햇볕에 타 죽겠구나. 가만있자, 하늘로 올라가는 나사가 있다면 어딘가에 내려갈 수 있는 나사도 있지 않을까?'

이렇게 생각한 왕자는 목마의 이쪽 저쪽을 살펴보았다.

과연, 하늘로 오를 때 돌린 나사 외에도 작은 나사가 있었다. 왕자는 그것을 돌려 보았다. 그러자 말은 점점 내려가기 시작하였다.

'그럼 그렇지! 이제는 나도 말 다루는 방법을 알았다.'

왕자는 더없이 즐거웠다. 갑자기 마술사라도 된 듯한 기분이었다.

'어디 땅 위의 경치나 내려다볼까?'

왕자는 제법 의젓하게 말고삐를 흔들면서 하늘을 낮게 날아 아래로 내려오기 시작하였다.

파란 바다가 보이고, 푸른 들판도 보였다.

나무가 무성한 산을 지나자, 눈 아래에 처음 보는 큰 도시가 펼쳐져 있었다.

'오늘은 여기서 머물고 내일 아침에 돌아가자.'

궁궐 앞에 이르렀을 때, 왕자는 내리기에 적당한 평평한 지붕을 찾았다. 왕자는 문지기들한테 들키지 않게 그 곳에 조심조심 내렸다. 그는 완전히 어두워져 궁궐 사람들이 잠들기만을 기다렸다.

아름다운 달이 휘영청 떠올랐다.

왕자는 궁궐 안으로 살며시 내려갔다. 생전 처음 보는 큰 궁궐이었다. 창문에는 불이 거의 꺼져 있었으나, 단 한 곳만은 환하게 켜져 있었다.

왕자는 문지기의 눈을 피하여 그 안으로 들어갔다. 기다란 방은 대리석으로 장식되어 아름답게 빛났다.

왕자는 발소리를 죽여 가며 궁궐 안으로 들어갔다. 마침 한밤중이라 문지기들은 꾸벅꾸벅 졸고 있었다.

왕자는 한발 한발 움직여서 눈부실 만큼 아름다운 발이 드리워진 곳에 이르러, 그 안으로 살금살금 들어갔다.

거기에는 흰 상아로 된 침대가 있고, 그 주위에는 네 사람의 시녀가 자고 있었다. 시녀들은 보름달처럼 환하고 아름다운 공주를 에워싸고 있었다.

왕자는 황홀하여 가슴이 두근거렸다.

이때, 잠자던 공주가 눈을 떴다. 왕자를 본 공주는 깜짝 놀랐다.

"당신은 누구시죠?"

공주는 왕자를 바라보며 물었다.

"나는 페르시아 사부르 왕의 아들 아크마르입니다."

이 대답에 잠을 자던 네 명의 시녀도 잠에서 깨었다. 그들은 매우 놀란 눈치였다.

시녀 하나가 임금에게 달려가서 고해 바쳤다.

"임금님, 큰일났습니다. 공주님의 방에 수상한 사나이가 들어왔습니다."

임금은 깜짝 놀라 잠자리에서 부리나케 일어나더니, 칼을 차고 공주의 방으로 갔다.

왕자는 칼을 빼어든 임금을 보자, 공주를 향하여 태연하게 물었다.

"그대의 아버님이신가요?"

"예."

공주의 대답이 채 끝나기도 전에 왕자는 임금 앞으로 나아갔다.

임금은 아크마르 왕자의 늠름한 모습에 끌려 칼을 거두었다.

"그대는 신분이 높은 사람 같은데, 어쩌다 이곳에 침입을 하였는가? 잘못을 사과하지 않으면 용서하지 않겠노라."

임금이 호령하였다.

"좋습니다, 임금님. 저와 싸워서 승부를 내시든지, 내일 아침 임금님의 군대를 소집하여 덤벼들게 하시든지 편리하신 대로 하십시오."

오히려 왕자가 더 태연하게 말하였다.

"좋다! 그럼, 나의 군대를 소집할 테니 싸워 보자. 만약 그대가 이긴다면 내 딸 사나 공주를 줄 것이고 왕의 자리까지 물려주겠다."

왕자의 대담함에 놀란 임금은 이런 약속을 하고, 대신들에게 명령하여 곧 궁궐의 군대를 소집하도록 하였다.

지붕 위의 목마

먼동이 텄다.

임금은 아크마르 왕자를 데리고 궁궐의 광장으로 나왔다. 거기에는 수많은 군대가 싸울 준비를 하고 있었다.

임금은 부하를 시켜 가장 훌륭한 말을 내오게 하였다.

"자, 아크마르 왕자! 이 말을 타고 마음껏 싸워 보시오."

임금이 말하였다.

"천만에요, 저에게도 말이 있습니다."

"어디에?"

"궁궐 지붕에 있습니다."

"어리석은 소리 하지 말거라. 말이 지붕 위에 올라간다는 말은 처음 듣는 소리야."

"그럼, 부하를 시켜 제 말을 끌어오도록 말씀해 주십시오."

임금은 부하 몇 사람에게 왕자의 말을 떠메어 오라고 일렀다. 사람들은 장난감 같은 목마를 보고 비웃었다.

"그대는 나무로 된 말만 타나?"

임금도 기가 막혀 물었다.

"그렇습니다. 잘 보십시오."

왕자의 말이 떨어지기가 무섭게 목마는 순식간에 하늘 높이 올라갔다. 왕자가 말에 올라타고 오른쪽 나사를 돌렸다. 임금은 깜짝 놀랐다.

"빨리 저 놈을 잡아라! 뭘 그렇게 허둥거리느냐? 빨리 잡지 못할까?"

임금은 부하들에게 소리쳤다. 많은 수의 군대들이 어리둥절하여 소란을 피우는 동안 왕자의 말은 하늘 저 멀리로 사라졌다.

한편, 왕자의 나라에서는 신기한 말을 타고 간 왕자가 이미 죽었다고 단정하여, 사부르 왕을 비롯한 모든 사람들이 슬퍼하고 있었다. 세 공주도 검은 옷을 입고 오빠의 일을 생각하며 슬퍼하였다.

이때, 목마를 탄 왕자의 의젓한 모습이 하늘에 나타났다. 궁궐 사람들의 기쁨은 이루 말할 수가 없었다.

"오, 잘 왔다. 잘 왔어! 대관절 어떻게 된 일이냐?"

임금이 왕자에게 그 동안의 일을 물었다. 왕자는 목마의 사용법을 터득한 이야기이며, 알지 못하는 궁궐에 들어가 아름다운 공주를 만난 일들을 모두 이야기하였다.

물론, 그 나라의 군대가 모두 모여 있는 광장에서 도망친 이야기도 하였다.

"아버님, 저 신기한 목마를 만든 사람은 그 후에 어떻게 하셨습니

까?"

왕자는 그것이 궁금하였다.

"그 놈이 너에게 말에서 내리는 나사의 사용법을 가르쳐 주지 않은 죄로 지하 감옥에 가두었다. 이제 네가 돌아왔으니 용서해 주기로 하겠다."

임금은 즉시 대신에게 명령하여 페르시아의 학자를 석방시켰다.

궁궐에 돌아온 왕자를 축하하기 위하여 임금은 며칠 동안 잔치를 베풀었다. 그러나 임금은 신기한 말이 걱정되었다.

"너는 앞으로 두 번 다시 그 말을 타지 말거라."

임금은 왕자에게 이렇게 주의를 주었다.

"잘 알겠습니다."

막상 대답은 이렇게 하였지만, 왕자는 그 신기한 목마를 타고 싶은 마음을 억누를 길이 없었다. 더구나 다른 나라에서 만난 보름달같이 환하고 아름다운 사나 공주를 잊을 수가 없었다.

'아, 그처럼 예쁜 공주를 아내로 삼았으면!'

이런 생각을 할 때마다, 목마 생각이 간절하였다.

'그렇다, 우물쭈물할 것 없이 목마를 타고 공주를 만나러 가자.'

왕자는 이렇게 결심을 하고, 아무도 모르게 목마를 타고 하늘을 날아갔다.

왕자는 다시 그 나라 사람들이 잠든 틈을 타서 사나 공주의 방으로 살그머니 들어갔다. 공주는 온갖 영롱한 보석으로 장식된 상아 침대 위에서 자고 있었다.

"공주님!"

왕자는 시녀들이 눈치채지 못할 만큼 조용한 목소리로 공주를 불렀다.

공주는 눈을 번쩍 떴다. 꿈에도 그리던 그 용감한 왕자가 온 것을 보고, 공주는 무척 기뻐하였다.

"공주님, 아버님께 들키면 이번에는 무슨 일이 생길지 모릅니다. 그대를 우리 나라로 데리고 가서 우리 부모님과 만나게 하고 싶습니다. 그러면 우리 아버님이 그대 아버님께 '당신의 딸을 내 아들의 아내로 맞아들이고 싶습니다.' 하고 알릴 게 아니겠소?"

공주는 흐뭇하여 기쁨을 감추지 못하였다.

"우리, 아무도 모르게 이곳을 빠져나갑시다."

왕자는 공주를 데리고 다시 지붕으로 올라갔다.

"공주님, 하나도 무섭지 않습니다. 고삐를 단단히 잡으십시오."

왕자와 공주는 얼마 후에 사부르 왕국의 성에 이르렀다. 그들은 성 밖에 있는 꽃밭에 내렸다.

"공주님, 잠깐 말을 지키면서 기다려 주십시오. 내가 먼저 궁궐 안으로 들어가 그대를 맞이할 훌륭한 가마를 가져오도록 하겠습니다."

왕자는 이렇게 말하고 궁궐 안으로 급하게 들어갔다. 왕자는 임금에게 자세히 말씀드리고, 아주 멋있는 가마를 보내어 사나 공주를 마중하고 싶었다.

빼앗긴 공주

혼자 남은 공주가 왕자의 마중을 기다리고 있을 때였다.

어디서 나타났는지 괴물같이 보기 흉하게 생긴 노인 한 사람이 꽃밭으로 들어왔다.

주름투성이의 얼굴에 가지같이 뭉뚝한 코를 가진 바로 그 페르시아의 요술쟁이 학자였다.

'왕자 녀석이 공주를 여기에다 두었군. 나를 지하실에 가둔 것에 대한 복수로 이 공주를 빼앗아가야지.'

페르시아의 요술쟁이 학자는 공주를 안고 목마에 올라탔다. 그는 오른쪽 나사를 돌렸다.

목마는 맑은 공기를 잔뜩 들이마시고 발로 땅을 한 번 구른 뒤에 하늘로 올라갔다. 두 사람을 태운 말은 하늘 높이 아주 멀리 날아갔다. 땅도 보이지 않았다.

공주는 겁에 질려 떨고만 있을 뿐, 아무 소리도 내지 못하였다.

다만 마음속으로 이렇게 울부짖고 있었다.

'오! 아버님, 어머님과 헤어지고 왕자님과도 헤어져 이렇게 무서운 늙은이한테 끌려왔으니, 나는 어떡하면 좋아……'

그러나 페르시아 요술쟁이 학자는 아랑곳하지 않고 끝없는 하늘로 자꾸자꾸 날아가기만 하였다.

이윽고 시냇물이 흐르고 나무가 우거져 있는 들판 위에 도착하였다.

"여기서 잠시 쉬어 갈까?"

페르시아의 요술쟁이 학자는 혼자서 중얼거리며 들판에 내렸다.

바로 이때였다.

그리스의 임금이 부하들을 거느리고 이 들판에 사냥을 하러 나와 있었다.

부하들은 수상한 노인과 아름다운 아가씨와 검은 목마를 보자, 두 사람을 임금 앞으로 끌고 갔다.

"너희는 누구이며, 이런 곳에서 무엇을 하고 있었느냐? 그리고 예쁜 아가씨에게 묻겠다. 아가씨는 이 노인과 어떻게 되는 사이인가?"

임금은 꼬치꼬치 캐물었다.

페르시아의 요술쟁이 학자는 공주가 사실대로 이야기하면 큰일이라 생각하고, 허둥지둥 앞질러 거짓말을 하였다.

"예, 임금님. 이 여자는 바로 제 아내올시다."

이 말을 들은 공주가 가만히 있을 리가 없었다.

"아닙니다, 임금님. 그건 거짓말입니다. 저는 페르시아의 요술쟁이 학자에게 강제로 끌려왔습니다. 어서 저를 구해 주옵소서."

공주는 눈물을 흘리며 호소를 하였다.

임금은 이 말을 듣고 괴물 같은 요술쟁이 학자를 뚫어져라 쏘아보고는 부하들에게 명령을 하였다.

"고약한 놈이로다! 이 놈을 죽도록 쳐라!"

페르시아의 요술쟁이 학자는 죽도록 얻어맞았다.

"이 늙은이를 끌어다 지하실에 가두어라. 그리고 이 아가씨는 잘 보호하고, 목마는 궁궐의 창고에 집어넣도록 하거라."

임금은 다시 부하들에게 명령하고는 궁궐로 급히 돌아갔다.

방랑하는 왕자

한편, 아크마르 왕자는 공주를 빼앗긴 줄도 모르고 아주 훌륭한 가마를 이끌고 꽃밭으로 달려갔다. 그러나 공주는 온데간데없었다.

왕자는 넓은 꽃밭을 이리저리 헤매며 미친 사람처럼 공주를 찾았다. 아무리 찾아도 공주는 보이지 않았다.

'어쩌면 그 페르시아의 요술쟁이 학자가 와서 목마를 타고 공주를 잡아갔을지도 모른다. 목마를 움직일 줄 아는 자는 그 놈뿐이니까…….'

이렇게 생각한 왕자는 공주를 찾다 못하여 우선 궁궐로 돌아와서 아버지인 사부르 임금을 찾아가 말하였다.

"저는 곧 공주를 찾으러 떠날 생각이오니, 부디 보내 주시기 바랍니다. 어떤 어려움이 있더라도 공주를 찾고야 말겠습니다. 찾을 때까지는 돌아오지 않을 결심입니다."

임금은 왕자가 방랑의 길을 떠나겠다는 말을 듣고, 왕자를 호되게 꾸짖었다. 그러나 용감한 왕자는 다른 나라에서 데리고 온 공주를 잃고 가만히 있을 수가 없었다.

그래서 임금을 졸라, 결국 허락을 받은 왕자는 정처없는 방랑의 길을 떠났다. 공주의 행방을 알 수 없어 답답한 마음으로 발걸음을 한걸음 한걸음 옮겼다.

왕자는 가는 곳마다 사람들을 붙잡고, 괴물 같은 노인과 예쁜 공주와 검은 목마를 보거나 이야기를 들은 적이 있느냐고 물었다. 하지만 아는 사람은 하나도 없었다. 왕자는 드디어 사나 공주의 나라까지 가 보았다. 그곳 사람들도, 임금이 공주를 잃어 매일 걱정을 하고 있다는 것 외에는 다른 이야기를 알지 못하였다.

"그러면 공주가 어느 나라로 갔는지도 모르겠군요?"

애가 탄 왕자는 이렇게 물었다.

"그렇습니다. 공주는 아마 신기한 목마를 탄 젊은 사나이에게 붙들려 갔을 겁니다."

마을 사람들은 왕자가 알고 있는 이야기만 해 주었다. 왕자는 실망을 하고 그곳을 떠났다.

왕자의 발걸음은 어느 새 그리스로 향하였다.

어느 날 저녁, 왕자는 여관에서 장사꾼들과 함께 머물게 되었다.

그들은 저녁식사를 하면서 자기들이 지나온 여러 지방의 이야기를 하였다.

"여러분, 이런 일을 아시오?"

이때 한 사람이 불쑥 나서더니, 요술쟁이같이 생긴 노인과 보름달처

럼 아름다운 아가씨와 검은 빛깔의 목마가 사냥 나온 임금에게 잡힌 이
야기를 하였다.

왕자는 그 말을 듣자, 두근거리는 가슴을 억누르며 장사꾼에게 그 나
라의 이름을 물어보았다.

"바로 그리스의 임금님이 사는 서울이오."

장사꾼은 또 말을 이었다.

"요술쟁이는 지하실에 갇혀 있고, 아가씨는 몸과 마음이 지쳐서 병에
걸렸다더군요. 목마는 어떻게 되었는지 모른답니다."

이튿날 아침, 왕자는 일찌감치 그리스의 서울을 향하여 길을 떠났다.

왕자는 해질 무렵이 되어서야 겨우 그곳에 도착하였다. 왕자가 궁궐
안으로 들어가려고 하자, 문지기가 불러세웠다.

"여보, 당신은 딴 나라 사람 같은데, 어디서 왔소?"

"나는 의사요. 넓은 세계를 돌아다니며 의술을 베푸는 사람입니다.
어떤 병에 걸린 환자라도 고칠 수 있지요."

"정말이오? 그럼 어디 한번 시험해 봐야겠군."

문지기는 이렇게 말하고 나서 왕자를 우선 감옥에 가두었다. 그리고
급히 궁궐 안으로 들어가, 임금에게 보고를 하였다.

왕자의 계략

이튿날, 왕자는 임금의 부름을 받았다.

"마침 잘 왔소. 실은 우리 궁궐에 머물고 있는 공주가 병이 났는데,
그 병만 고쳐 준다면 그대의 소원은 무엇이든지 들어주겠소."

임금이 말하였다. 그리고 공주가 병에 걸린 내력을 자세히 설명해 주
었다.

"임금님, 그러면 그 목마는 어떻게 하셨습니까?"

왕자는 궁금해서 물었다. 그 목마가 부서지지 않았다면 사나 공주를 구해 낼 수 있다고 생각하였기 때문이었다.

"어쩌면, 그 목마에 액운이 붙어 있는지도 모릅니다. 먼저 목마를 한 번 보여주십시오."

왕자가 이렇게 청하자, 임금은 왕자를 데리고 궁궐 창고로 갔다.

왕자는 혹시 부서지지나 않았을까 하고, 목마를 샅샅이 조사해 보았다. 다행히 아무 고장도 없었다.

"이번에는 공주님을 뵙겠습니다."

왕자가 말하자, 임금은 사나 공주의 방으로 그를 안내하였다.

임금을 방문 앞에 멈추게 한 왕자는 공주의 침대로 다가갔다. 사나 공주는 왕자를 보자 너무 기뻐서 하마터면 소리를 지를 뻔하였다.

왕자는 손을 내밀어 조용히 하라는 시늉을 하였다. 그리고 나서, 사나 공주의 귀에다가 입을 바짝 대고 속삭였다.

"공주님, 안심하십시오. 제가 곧 구해 드리겠습니다. 앞으로는 내 말에 따르셔야 합니다."

왕자는 자기의 꾀를 자세히 설명해 주었다. 그리고는 임금에게 나아가 아뢰었다.

"괜찮습니다, 안심하십시오. 공주님은 곧 원기를 회복할 것입니다. 그러나 완전히 회복하시려면, 임금님께서 공주를 처음 만났던 들판으로 데려가지 않으면 안 됩니다. 목마도 거기로 운반하여 주십시오."

임금은 매우 기뻐하며 허락하였다. 왕자의 꾀를 모르는 임금은 많은 부하들을 시켜 목마를 걸머지게 하고, 사나 공주와 함께 들판으로 나갔다.

"임금님, 그러면 공주와 목마를 될 수 있는 대로 가까이 접근시키십시오. 저는 지금부터 공주를 말에 태우고 하늘로 올라가겠습니다. 그리고 잠시 후에 임금님에게 되돌아오겠습니다. 그래야만 공주님의 병환이 완전히 나을 것입니다."

왕자는 이렇게 말하고, 공주를 목마에 태운 후 자기도 올라타고 오른쪽 나사를 돌렸다.

목마는 하늘 높이 날아올라 푸른 하늘 저쪽으로 사라져 버렸다.

임금과 부하들은 들판에서 한나절이나 그들이 돌아오기를 기다렸다. 그러나 두 사람은 영영 돌아오지 않았다.

신기한 목마는 왕자와 사나 공주를 태우고 왕자의 나라 궁궐로 돌아왔다. 목마에서 내린 왕자는 사나 공주를 아버지 사부르 왕에게 데리고 갔다.

이윽고 궁궐에서는 즐거운 잔치가 벌어졌다. 그들을 환영하는 동시에 왕자와 사나 공주의 결혼식도 같이 올리기로 한 것이었다.

왕자는 사나 공주의 아버지에게 사신을 보내고, 아울러 귀중한 선물도 보내었다.

사부르 왕은 아크마르 왕자가 그 요술 목마를 두 번 다시 타지 못하도록 산산조각 내어 부숴 버렸다.

임금은 그 동안 자신을 괴롭혀 온 목마를 아주 없애 버린 것이었다.

아크마르 왕자와 사나 공주는 그 후로도 오랫동안 즐겁고 행복하게 살았다고 한다.

다이아몬드 아가씨

비밀의 지하실

옛날 바스라라고 하는 곳에 젊은 임금이 살고 있었다.

이 임금은 매우 잘생기고, 용기가 있는 훌륭한 사람이었다. 그런데 이 임금에게 나쁜 버릇이 하나 있었다. 그것은 돈을 헤프게 쓰는 것이었다.

임금은 조상들이 몇백 년이나 걸려 모아 둔 돈이나 보물을 함부로 써 버려, 드디어 큰일이 벌어지고 말았다.

어느 날, 대신 하나가 새파랗게 질려 임금 앞에 달려와서 아뢰었다.

"임금님, 큰일났습니다! 궁궐의 금고가 텅 비고 말았습니다. 내일부터는 오고 가는 상인들에게도 돈을 주지 못하게 되었습니다."

"그래, 알았다. 걱정하지 말아라."

임금은 태연하게 말하였다. 그렇지만 마음속으로는,

'이거, 정말 큰일났다.'

하고 생각하였다.

임금은 하루 종일 금고가 텅 비어 있는 것을 걱정만 하고 있었다.

"아, 이럴 줄 알았더라면 함부로 써 버리지 않았을 텐데. 이제 뉘우쳐도 때는 늦었어. 내일부터 어떻게 하면 좋단 말인가? 많은 부하들과 백성들을 어떻게 거느리지?"

이렇게 한탄하다가 두 손으로 얼굴을 감쌌다.

임금은 생각다 못하여 아무도 모르게 밤중에 도망갈 결심을 하였다.

밤이 깊어지자, 모두들 잠들어 궁궐은 조용하였다. 임금은 궁궐의 문을 살짝 빠져나왔다. 그때, 임금은 문득 이런 말이 생각났다.

"네게 아주 곤란한 일이 생기거든 내 방 안을 찾아 보아라. 그러면 너를 구해 줄 보물이 발견될 것이다."

임금의 아버지가 돌아가실 때 하신 말씀이었다.

임금은 다시 궁궐로 되돌아와 아버지가 계시던 방으로 갔다. 그리고 방안을 샅샅이 뒤졌다. 그러자 작은 금 상자 하나가 나왔다.

뚜껑을 열어 보니, 그 속에는 종잇조각 한 장이 들어 있었다. 거기에는,

'내 아들아, 궁궐의 지하실 구석을 파 보아라.'
라고 적혀 있었다.

임금은 괭이를 들고 지하실로 가서 여기저기 바닥을 두드려 보았다. 그러자 한 곳에서 이상한 소리가 났다.

'바로 여기구나!'

임금은 이렇게 생각하고 괭이로 파기 시작하였다. 한참 동안 파내려 가자 문이 나타났다. 그 문을 열어본 임금은 깜짝 놀랐다.

하얀 대리석으로 된 계단이 쭉 뻗어 있었다. 임금은 그 계단을 하나 하나 밟으며 내려갔다. 그러자 눈부신 유리와 수정으로 만들어진 방이 하나 나타났다.

그 방 안에는 네 개의 책상이 있고, 그 위에는 항아리가 열 개씩 놓여 있었다.

무엇이 들어 있는지 궁금해진 임금은 한 항아리의 뚜껑을 얼른 열어 보았다. 그 안에는 번쩍번쩍 빛나는 금화가 가득 들어 있었다. 금화가 가득 찬 항아리가 40개나 되었으므로, 임금은 더없이 기뻤다.

"아, 살았다! 아버님, 감사합니다."

임금은 돌아가신 아버지에게 마음속에서 우러나오는 고마움을 표시하
였다. 그리고 방 구석을 한 번 더 둘러보았다. 그러자 선반 위에 조그마
한 금 상자가 눈에 띄었다. 그 안에는 금으로 만든 열쇠 한 개가 들어
있었다.

'이건 무슨 열쇠일까? 이 열쇠로 열 것이 어딘가에 있는 모양이다!'

임금은 다시 한 번 방안을 자세히 살폈다. 그때 벽에 있는 작은 열쇠
구멍이 보였다. 금 열쇠를 그 열쇠 구멍에 넣고 돌리자 벽 한 쪽이 문처
럼 스르르 열렸다.

그 안으로 한 걸음 한 걸음 내딛던 임금은 깜짝 놀랐다.

그 방은 마루에도, 벽에도, 천장에도 금은 보석이 빈틈없이 박혀 있어
서 찬란한 빛이 감돌았다.

그런가 하면, 방 가운데에서 보름달처럼 아름다운 여섯 명의 아가씨
가 금으로 만든 발판에 서 있었다.

임금은 얼떨결에 그 앞에서 허리를 굽혀 절을 하였다. 그러나 그것은
사람이 아니고, 다이아몬드로 된 아가씨였다.

"굉장한 보물이야."

임금은 다시 한 번 놀랐다. 여섯 명의 아가씨가 둥그렇게 둘러선 그
한가운데에 또 하나의 발판이 있었다. 그 위에는 종이 한 장이 놓여 있
었다.

내 아들아!

나는 여섯 명의 다이아몬드 아가씨를 손에 넣기 위하여 한평생을
바쳤다. 그러나 일곱 번째 아가씨는 손에 넣지 못하였다. 너는 즉
시 이집트의 수도 카이로로 가서 나의 옛 신하였던 핫산을 만나라.

그러면 그는 너에게 일곱 번째의 다이아몬드 아가씨에 대하여 알려 줄 것이며, 또 그것을 구하는 데도 도움이 되어 줄 것이다.

임금은 곧 카이로로 갈 결심을 하였다. 그리고 그날 밤, 날이 샐 때까지 금화와 은화를 자기 방에 옮겨 놓았다.

세 개의 섬

아침이 되자 임금은 대신을 불렀다.
"나는 당분간 이집트로 여행을 하려 한다. 돈은 많으니 아무 걱정 할 것 없다."
임금은 이렇게 이르고 이집트의 카이로를 향하여 떠났다.
얼마 뒤에 임금은 카이로에 닿아 핫산을 찾기 시작하였다. 그 사람은 쉽게 찾을 수 있었다. 핫산은 카이로에서 첫째 가는 부자였기 때문이었다.
임금은 핫산과 인사를 나누고 부왕의 편지 내용을 이야기하였다. 핫산은 늠름하게 자란 임금을 반겨 주었다.
"저는 원래 돌아가신 임금님의 신하였습니다. 그러니까 지금도 임금님의 신하라고 하는 것이 마땅한 줄 압니다. 그 다이아몬드 아가씨를 찾기 위하여 있는 힘을 다 바치겠습니다."
이렇게 말하며 핫산은 머리를 조아렸다.
임금은 이 말을 듣고 기쁨을 참지 못하였다.
"그럼, 지금부터 찾는 것이 어떻겠소?"
"임금님, 다이아몬드 아가씨를 찾으려면 '세 개의 섬'으로 가지 않으면 안 됩니다. 거기까지 가려면 매우 긴 여행이 될 것입니다."

"그 세 개의 섬은 어디에 있소?"

임금은 핫산에게 또 물었다.

"그 곳은 사람이 함부로 들어갈 수 없는 나라입니다. 그렇지만 저는 임금님을 들어가시게 할 수 있습니다."

핫산의 말을 듣고 임금은 기운이 났다.

"좋소, 어서 데려다 주시오. 어떤 고난이 닥치더라도 나는 아름다운 다이아몬드 아가씨를 찾고야 말겠소."

여행 준비가 시작되었다.

말을 탄 임금과 핫산은 부하를 거느리고 세 개의 섬으로 향하였다.

며칠 동안 들판을 지나고 사막을 가로지르는 고된 여행이 계속되었다. 그러던 어느 날, 넓은 벌판에 이르렀을 때 핫산이 입을 열었다.

"여기서부터는 임금님과 저와 단둘이서 가야 합니다."

임금은 핫산이 하자는 대로 부하들과 말을 남겨 두고, 그를 따라 길을 걸었다. 오랫동안 걸은 끝에, 마침내 하늘을 향하여 높이 치솟은 산 앞에 이르렀다.

"이렇게 높은 산을 넘어야 하오?"

임금은 지쳐서 물었다.

"아닙니다, 임금님. 저에게 모든 걸 맡겨 주십시오. 앞으로 어떤 일이 일어나더라도 놀라시면 안 됩니다."

그러면서 핫산은 품안에서 낡은 책 한 권을 꺼내어, 그걸 거꾸로 읽기 시작하였다. 그러자 잠시 후, 눈앞에 있던 커다란 산이 둘로 갈라지며, 사람이 지나가기에 알맞은 길이 되었다.

핫산은 임금의 손을 잡고 오솔길로 걸어갔다. 산을 다 지났다고 생각하자, 그 산은 다시 본래의 모습으로 되돌아갔다. 그리고 임금의 눈앞에 큰 호수가 나타났다. 호수 건너편에 세 개의 섬이 보였다.

"이 호수를 어떻게 건너지요?"

이렇게 걱정을 하고 있는데, 홀연히 한 척의 배가 나타났다.

작은 배의 사공은 몸집은 사람과 같았으나, 머리 모양은 코끼리였다. 코끼리는 코로 임금과 핫산을 배 안으로 옮겨 주었다.

그 배는 마치 하늘을 날듯이 물 위를 미끄러지더니, 금세 어느 섬에 이르렀다. 임금과 핫산은 기슭으로 올라가, 많은 보석이 깔려 있는 길을 걸어서 섬으로 들어갔다.

얼마쯤 가자, 큰 궁궐이 보였다. 그것은 보석으로 지은 눈부신 궁궐이었다.

핫산은 그 문 앞에서 걸음을 멈추었다.

"더 이상 앞으로 갈 수 없습니다. 여기서 잠깐만 기다려 주십시오."

핫산은 다시 한번 이상한 주문을 외웠다. 그러자 섬 위에 검은 구름이 일고 번개가 요란스럽게 쳤다.

요술거울

점점 심해지는 번개 때문에 임금은 조금 무서워졌다.

그때 갑자기 흰 옷을 입고 수염을 늘어뜨린 노인이 눈앞에 나타나더니, 임금의 뺨을 부드럽게 쓰다듬어 주었다.

핫산은 임금에게 작은 목소리로 아뢰었다.

"임금님, 이 분에게 다이아몬드 아가씨에 대하여 여쭤보십시오."

임금은 노인에게 자기 아버지의 편지 이야기를 하였다. 노인은 그 말을 듣고 정중하게 말하였다.

"나는 그대의 소원을 알고 있다. 다이아몬드 아가씨는 그대에게 주겠으나, 그냥은 안 돼. 그것과 바꿀 것이 있어."

"바꾸다니요, 그게 무엇입니까?"

임금이 물었다.

"아주 어려운 것이야. 마음도 착하고 모습도 아름다운 아가씨를 하나 찾아서 여기로 데려오게. 그러면 그대에게 다이아몬드로 된 아가씨를 주겠노라."

"그런 부탁이라면 별로 어려운 일도 아니군요."

임금이 말하자, 노인은 큰 소리로 껄껄 웃었다.

"과연 쉬울까? 사람의 마음속을 알아본다는 것은 결코 쉬운 일이 아니야. 그대에게 이 거울을 주지. 이것으로 비추어 보면 마음이 고운지 어떤지를 알 수 있을 거야."

노인은 이렇게 말하고, 임금에게 거울 하나를 주었다.

"아가씨의 마음속에 조금이라도 나쁜 것이 있으면 그 아가씨의 모습이 거울에 흐리게 비칠 것이고, 만약 정말로 아름다운 마음이면 맑게 비칠 거야."

그리고 노인은 궁궐 안으로 모습을 감추었다.

임금은 마치 꿈에서 깨어난 듯한 기분으로, 핫산과 함께 올 때와 마찬가지로 코끼리 모양을 한 사공의 배를 타고 돌아왔다.

"빨리 카이로에 가서 노인이 말한 아가씨를 찾아보자."

부하들이 기다리고 있는 곳까지 온 임금은 신바람이 나서 핫산과 함께 다시 카이로로 돌아왔다.

핫산은 여러 사람에게 말하여, 카이로에 있는 예쁜 아가씨들을 모두 자기 집에 모이도록 하였다.

임금은 모여든 아가씨들을 한 사람 한 사람씩 거울로 비추어 보았다. 그런데 비춰볼 때마다 모두 거울이 흐려지기만 하였다.

임금은 놀라지 않을 수 없었다.

"음, 얼굴이 아름다운 아가씨들은 이렇게 많은데, 마음씨가 고운 아가씨는 한 명도 없구나."

매일 수많은 아가씨들을 조사해 보았지만 헛수고였다.
"핫산, 이곳에는 그런 아가씨가 없는 것 같소. 시리아에 가서 조사해 보는 것이 어떻겠소?"
이리하여 그들은 카이로를 떠나, 시리아의 수도인 다마스쿠스까지 왔다. 이곳에서도 수많은 아가씨들을 불러들여 만나 보았으나, 마음이 깨끗한 아가씨는 찾을 수가 없었다.
임금의 마음은 무척 허전해졌다.
'다시 찾아보자. 마음씨 고운 아가씨가 이 세상에는 정말 없는 것일까? 어쨌든 나는 무슨 고생을 하더라도 마음씨 고운 아가씨를 찾아 노인에게 바치고, 다이아몬드 아가씨를 받아 올 것이다.'
임금의 마음속에는 오직 이 한 가지 생각만이 도사리고 있었다. 임금과 핫산은 곧 다마스쿠스를 떠나 훨씬 큰 도시인 바그다드로 갔다.
임금은 여기서 훌륭한 저택을 빌려, 신분이 높은 사람과 부자 상인들을 초청하여 대접하였다.
"여러분, 내가 여기에 온 것은 다름이 아니라, 왕비로 삼을 아름다운 아가씨를 구하려 함이오. 마음과 얼굴 모두 아름다운 아가씨를 구해 주시는 분에게는 후한 사례를 하겠소!"
그곳에 모인 사람들에게 임금은 이런 부탁을 하였다.
사람들은 다음 날, 이 아가씨면 충분하다고 장담하면서 아가씨를 데리고 임금에게 몰려왔다.
그러나 역시 마음이 예쁜 아가씨는 없었다.
이튿날, 어떤 스님이 자기 딸을 데리고 왔다.

그 아가씨는 지금까지 한 번도 집 밖에 나가 본 적이 없는 처녀였다.

임금은 그 아가씨를 거울에 비추어 보고는 감탄을 하였다. 거울은 한 점의 흐림도 없이 아가씨를 보름달처럼 맑게 비추어 주었다.

"참으로 몸과 마음이 아름다운 아가씨로다!"

임금은 기뻐서 소리를 질렀다.

임금은 곧 아가씨를 데리고 세 개의 섬으로 떠났다.

귀중한 보물

임금은 아름다운 아가씨를 가마에 태워 낙타 등에 싣고 긴 여행을 하였다.

임금은 매일 마음씨 고운 아가씨를 바라보는 동안, 어느덧 그 아가씨를 사랑하게 되었다.

그 아가씨를 왕비로 삼겠다고 거짓말을 하고 길을 떠나온 자신이 부끄러웠다.

그러나 노인과의 약속을 지키지 않을 수 없었다.

"핫산, 나는 다이아몬드 아가씨보다 이 마음 착한 아가씨가 더 마음에 드오."

임금이 핫산에게 말하였다.

"안 됩니다, 임금님. 그것은 안 될 말씀입니다. 노인과의 약속을 지키지 않으면 참된 행복을 누리지 못합니다."

핫산이 대답하였다.

임금은 할 수 없이 아가씨를 데리고 핫산과 함께 세 개의 섬에 이르렀다.

임금은 노인에게 아가씨와 요술 거울을 바쳤다.

노인은 아가씨를 한번 훑어보더니 엄숙하게 말하였다.

"아, 이 아가씨야말로 세상에서 가장 훌륭한 사람이로구나! 기쁘게 받겠으니 젊은 임금이여, 그대는 그대의 나라로 돌아가서 지하실에 들어가 보라! 빈 발판 위에 일곱 번째 다이아몬드 아가씨가 있을 것이다."

임금은 노인에게 감사를 드리고 아가씨와 슬픈 마음으로 헤어졌다.

아가씨는 떠나는 임금을 지켜보며 울었다. 그러다가 끝내는 슬픔에 못 이겨 정신을 잃고 말았다.

임금은 핫산과 함께 자기의 궁궐로 돌아왔다.

궁궐의 대신들은 임금이 돌아온 것을 기뻐하며, 환영 잔치를 열었다.

그러나 임금은 조금도 기쁘지 않았다. 도리어 슬픔에 잠겨 있었다. 지하실에 들어가 다이아몬드 아가씨를 볼 마음도 생기지 않았다.

"임금님, 왜 그렇게 괴로워하십니까? 세 개의 섬 노인이 일곱 번째 다이아몬드 아가씨를 보라고 하시지 않았습니까? 부디 지하실로 내려가 보십시오."

핫산은 임금을 위로하였다. 그때서야 임금은 지하실로 내려갔다.

유리와 보석으로 된 첫 번째 방을 지나 안으로 들어갔다. 거기에는 여섯 명의 아가씨가 그 전처럼 번쩍거리며 서 있었다.

그 가운데 발판 위에 전에 못 보던 아가씨가 서 있었다. 그러나 그것은 다이아몬드 아가씨가 아니었다.

거기에는 임금이 바그다드에서 만나 세 개의 섬으로 데려가 노인에게 바친 그 아름다운 아가씨가 서 있었다.

아가씨는 생글생글 웃으면서 말하였다.

"임금님, 제가 다이아몬드가 아니라서 놀라셨지요?"

임금은 몇 번이고 눈을 비비며 다시 쳐다보았다. 그건 분명히 몸과

마음이 모두 아름다운 그 아가씨임에 틀림이 없었다.

바로 그때, 천둥이 치며 지하실이 흔들리더니, 그 세 개의 섬에 있던 노인이 그림자처럼 나타났다.

"젊은 임금님이여, 내가 그대에게 주겠다고 약속한 것은 이 귀중한 보물이오. 이 아가씨는 그 어떤 다이아몬드보다도 훨씬 값진 보물이오. 그러면 둘이서 행복하게 살기를 바라오."

말을 마친 노인은 이내 연기처럼 사라져 버렸다.

이리하여 마음씨 곱고 아름다운 아가씨를 왕비로 맞이한 임금은 그 이후로 옛날처럼 돈을 헤프게 쓰지도 않고 허랑방탕한 생활을 하지 않으며 행복하게 살았다.

한편, 핫산은 임금의 훌륭한 신하가 되었고, 훌륭한 왕비와 충실한 신하를 얻은 그 나라는 날이 갈수록 부강한 나라가 되었다.

신드바드의 모험

첫머리

옛날, 페르시아의 수도인 바그다드에 신드바드라는 짐꾼이 살았다.

어느 무더운 날이었다.

신드바드는 등에 무거운 짐을 지고 휘청휘청 걸어가다가 어느 훌륭한 저택 앞에 이르렀다.

웅장한 저택 문 앞에는 큰 의자가 놓여 있었다. 신드바드는 좀 쉬었다 가려고 짐을 내려놓고 의자에 앉았다.

한참 쉬고 있으려니 집 안에서 구수한 음식 냄새가 풍겨 왔다. 거기에다 앵무새와 산비둘기, 나이팅게일의 울음소리에 뒤섞여, 만돌린처럼 생긴 류트의 아름다운 노랫가락이 들려왔다.

신드바드는 그 소리에 가슴이 뛰어 가만히 있을 수가 없었다. 그래서 슬그머니 안을 들여다보았다.

넓은 꽃밭 둘레에는 많은 사람들이 둘러앉아 진기한 술과 음식을 차려놓고 흥청거리며 잔치를 벌이고 있었다. 완전히 다른 세상에 와 있는 것 같았다.

신드바드는 매일 남의 짐이나 날라주고 먹고사는 자신의 신세를 생각하니 정말 힘이 빠졌다.

신드바드는 하늘을 우러러보며 실컷 푸념을 한 뒤, 다시 짐을 지고 떠나려 하였다.

그때, 훌륭한 옷을 입은 소년 하나가 문밖으로 나왔다. 소년은 신드바드를 보더니 손을 덥석 잡으면서 말하였다.

"잠시 안으로 들어와 주십시오. 주인님께서 당신께 할 말씀이 있다고 하십니다."

신드바드는 점잖게 거절을 하였다. 그렇지만 소년은 그의 말을 듣지 않았다.

신드바드는 할 수 없이 문지기에게 짐을 맡겨 놓고 소년을 따라 크고 훌륭한 응접실로 들어갔다.

거기에는 진수성찬이 차려져 있었고, 그 둘레에는 수많은 사람들이 빙 둘러앉아 있었다. 응접실 한 구석에서는 아름다운 여자들이 악기를 연주하고 노래를 부르며 손님들의 흥을 돋워 주고 있었다.

손님들이 앉은 제일 윗자리에는 흰 수염을 기른 점잖은 노인이 앉아서 손님들을 대접하기에 바빴다.

신드바드는 이 광경에 기가 질려 자기도 모르는 사이에 탄성을 내질렀다.

"야, 굉장하다! 여긴 하늘나라가 아니면 임금님의 궁전일 거야."

신드바드는 마루에 엎드려 여러 사람에게 공손히 인사를 하였다. 그러자 이 저택의 주인인 그 노인이 신드바드를 곁으로 오라고 손짓으로 불렀다.

노인은 신드바드를 자기 곁에 앉히고, 하인을 불러 음식을 가져오라고 일렀다.

신드바드는 사양하지 않고 맛있게 먹었다. 음식을 다 먹은 후, 신드바드는 손을 씻고 노인에게 감사하다는 인사를 드렸다. (회교도들은 식사할 때, 스푼이나 포크를 사용하지 않고 손으로 먹기 때문에 식사하기 전후에 반드시 손을 씻는다.)

주인은 신드바드의 인사를 받자 이렇게 말하였다.

"잘 오셨소. 그런데 당신의 이름과 직업은 무엇이오?"

"예, 저는 신드바드라고 하며, 손님의 짐을 날라 주고 하루하루 살아 가는 보잘것없는 사람입니다."

신드바드의 말에 주인은 깜짝 놀라며 말하였다.

"아니, 참 신기한 일도 다 있구려! 내 이름도 신드바드라오. 세상 사람들이 모두 나를 보고 신드바드라고 하지요. 보다시피 나는 이렇게 호화롭고 사치스러운 생활을 하고 있지만, 이렇게 되기까지에는 얼마나 많은 일들을 겪었는지 아무도 모를 겁니다. 지금부터 그 이야기를 해 주겠소."

주인은 눈을 지그시 감고 옛 생각을 하며 이야기를 계속하였다.

"나는 일곱 번이나 항해를 하였습니다. 그때마다 세상에서 제일 신기하고 간담을 서늘하게 해 주는 모험을 겪었지요. 자, 여러분! 잠깐 제 이야기를 들어 주시겠습니까?"

첫 번째 항해―고래섬

우리 아버지는 이 바그다드에서도 유명한 장사꾼으로 큰 부자였습니다. 그 분께서는 내가 어릴 때, 막대한 유산을 남겨 주시고 세상을 떠나셨습니다.

어른이 되자, 아버지가 물려준 재산을 마음대로 할 수 있게 되었습니다. 나는 날마다 좋은 옷을 입고, 맛있는 음식을 먹고, 마구 술을 마시는 등 사치스러운 생활을 하면서 세월 가는 줄 모르고 지냈습니다.

그런 생활을 계속하던 나는 차차 나의 어리석은 행동을 뉘우치게 되었습니다. 그러나 때는 이미 늦어, 재산은 탕진되었고 몇 푼 없는 빈털터리 신세가 되었습니다.

악몽에서 깨어난 나는,

'부귀 영화를 손에 넣고 싶으면,

밤에도 자지 말고 일을 하여라.

진주 보석이 갖고 싶거든,

바다 밑바닥까지 찾아가거라.'

라고 한 말을 거울삼아 외국으로 장사를 하러 떠날 결심을 하였습니다.

그리하여 남은 세간과 옷가지를 팔아서 여러 가지 상품과 항해에 필요한 물건을 사들였습니다. 그리고는 장사를 하고자 장사꾼들과 함께 바스라 행 배를 타고 티그리스 강을 따라 내려갔습니다.

우리는 바스라에서 배를 갈아타고 이곳 저곳을 거쳐 항해를 계속하였습니다. 그러다가 하늘나라의 꽃밭으로 생각될 만큼 온통 꽃으로 덮인 조그만 섬에 도착하였습니다.

선장은 곧 닻을 내리고 다리를 놓았습니다.

배에 탔던 사람들은 모두 섬에 올라가 불도 피우고, 빨래도 하며 음식을 장만하는 등 법석을 떨었습니다.

나는 몇몇 사람과 같이 섬 구경을 하러 다녔습니다.

그런데 얼마 안 되어 선장이 배에서 큰 소리로 외쳐 대었습니다.

"모두들 빨리 배로 돌아오라! 그건 섬이 아니고 바다에 떠 있는 큰 고래의 등이다. 고래 등에 흙이 쌓이고 나무가 자라서 섬처럼 보인 거야. 그런데 불을 피워 뜨거워지니까 고래가 움직이기 시작하였다. 자, 어서들 돌아오라! 우물쭈물하다가는 모두 물에 빠져 죽는다."

선장의 고함소리에 사람들은 모두 깜짝 놀랐다. 그래서 제각기 앞을 다투어 배로 돌아왔습니다.

미처 배로 돌아오지 못한 사람들은 섬이 움직이는 바람에 깊은 바다 속으로 빠져 버리고 말았습니다.

나도 그들 중의 한 사람이었습니다. 그러나 물 속에 빠진 나는 얼마 후에 다행히도 물 위로 떠올랐습니다.

사방을 살펴보니 배는 온데간데없고, 다만 배에서 버린 물통 한 개가 물 위에 떠 있을 뿐이었습니다. 나는 가까스로 그 물통을 잡고 바다 위를 헤엄치며 떠돌아다녔습니다.

이윽고 날이 저물었습니다.

나는 바다에서 밤을 새우고, 다음 날도 바람과 파도에 시달리며 정처 없이 다녔습니다. 그러다가 나무가 우거진 섬에 닿았습니다.

나는 바닷물에 닿을 만큼 낮게 드리워진 나뭇가지를 붙잡고 땅 위로 간신히 올라갔습니다. 육지에 도착하였지만, 발에 쥐가 나기 시작하여 꼼짝도 할 수 없었습니다.

더구나 고기에게 물어뜯긴 상처가 아파 오기 시작해서 한 발짝도 걸음을 옮길 수가 없었습니다. 나는 피로와 허기에 지칠 대로 지쳐 그만 정신을 잃고 땅바닥에 쓰러지고 말았습니다.

얼마가 지났는지, 겨우 정신이 들어 눈을 떴을 때는 아침해가 솟아오르고 있었습니다.

나는 퉁퉁 부어오른 다리를 끌고 엉금엉금 기어다니며 섬을 살펴보았습니다. 다행히도 이 섬에는 온갖 과일들이 풍부하였고, 사방에서 먹을 물도 솟았습니다. 하지만 2, 3일이 지나서야 겨우 기운을 차릴 수 있었습니다.

나는 나무를 꺾어 지팡이를 만들었습니다. 지팡이를 짚고 섬의 구석 구석을 구경하며 다녔습니다. 하루는 바닷가를 걸어가는데 먼 곳에 무엇인가 이상한 것이 보였습니다. 가까이 가보니 그것은 훌륭한 암말이었습니다.

말은 나를 보더니 큰 소리로 울부짖었습니다. 나는 너무도 놀라 달아나려고 하였습니다. 그러자 땅속에서 한 사나이가 튀어나오며 소리쳤습니다.

"야, 넌 누구야? 여긴 무엇 하러 왔지?"

나는 깜짝 놀라며 대답하였습니다.

"나는 장사꾼입니다. 불행히 바닷속에 빠졌다가 알라 신의 도움으로 겨우 이 섬에 닿았습니다. 그래서……."

말이 채 끝나기도 전에 그 사나이는 내 손을 잡아끌면서 따라오라고 말하였습니다.

나는 그 사나이와 함께 땅속으로 들어갔습니다. 거기서 사나이가 주는 음식을 받아먹으며 항해 중에 일어났던 이야기를 모두 해주었습니다. 열심히 귀를 기울이는 그 사나이에게 나는 불쑥 물었습니다.

"그런데 당신은 왜 이런 곳에 있습니까? 게다가 저런 암말은 왜 먹이지요?"

그러자 사나이가 말하였습니다.

"우리는 마르잔 왕의 말고삐를 잡거나 뒤에서 따르는 말구종인데, 임금님의 말을 맡아 기르고 있지요. 보름날 밤이 되면 우리는 바닷가 여기저기에 암말을 매어 두고, 그 근처에 숨어 있지요. 그러면 바다에서 수말이 나와 매어 놓은 암말을 끌고 바닷속으로 들어가려고 합니다. 그러나 암말은 튼튼히 매어져 있어서 끌려가질 않습니다. 그러면 수말은 성이 나서 암말에게 덤벼드는데, 이때를 놓치지 않고 달려나가 수말을 쫓아 버립니다. 얼마 후에 암말은 새끼를 배어 망아지를 낳게 되지요. 그 망아지 값은 우리가 생각도 못할 만큼 비싸답니다. 오늘 밤 이 일이 끝나면 당신을 임금님에게 데리고 가겠소."

나는 말구종이 베푸는 친절에 감사를 드렸습니다.

이때 멀리서 무섭게 울부짖는 소리가 들렸습니다. 말구종들은 재빨리 뛰어나가 칼과 방패를 두드리며 고함을 질렀습니다. 고함소리와 방패 두드리는 소리에 놀란 수말은 급히 바닷속으로 들어가 버렸습니다.

나와 사나이는 모래사장에 앉아 쉬었습니다. 그때, 다른 말구종들이 암말 한 마리를 몰고 다가왔습니다.

나는 여럿이 묻는 대로 이제까지 겪은 이야기를 들려주었습니다. 이야기가 끝나자 말구종들은 나에게 식사를 권하였습니다.

나는 식사를 마친 후, 그들을 따라 마르잔 왕이 있는 수도로 향하였습니다. 수도에 도착하자 나는 곧 궁궐로 안내되었습니다. 임금님은 나를 보고 이렇게 말씀하셨습니다.

"이리 가까이 와서 네 모험담을 들려 다오."

그래서 나는 임금님께 내가 겪은 일을 남김없이 말씀드렸습니다.

"참으로 너는 운 좋은 사람이다. 무사히 살아난 것을 알라 신께 감사 드려라."

임금님 역시 내 모험담에 감탄하셨습니다.

그 후, 나는 임금님의 마음에 들어 출세를 하게 되었습니다. 계속 벼슬이 높아져 항구의 감독관이라는 지위에까지 올랐습니다.

나는 항구에 나갈 때마다 외국의 장사꾼이나 뱃사람들을 붙잡고 바그다드의 소식을 물었습니다. 그러나 바그다드의 사정을 아는 사람은 아무도 없었습니다.

어느 날, 나는 다른 때와 마찬가지로 지팡이를 짚고 먼 바다를 바라보았습니다. 잠시 후, 멀리서 배 한 척이 항구 쪽으로 오고 있는 것이 보였습니다.

배가 항구에 닿자, 많은 사람들이 오르내리며 짐을 풀기 시작하였습니다. 나는 나의 임무대로 배 곁으로 가서 물건의 이름을 하나하나 적었습니다.

"이게 마지막이오?"

나는 선장에게 물었습니다. 그러자 선장이 대답하였습니다.

"아닙니다, 나리. 아직도 임자 없는 짐들이 많습니다."

"임자 없는 짐이라니?"

"예, 그것은 항해 도중에 물에 빠져 죽은 사람의 짐이지요. 아무튼 그 짐을 팔아서 바그다드에 있는 가족들에게 돈을 전해 줄 작정입니다."

"그 장사꾼의 이름이 무엇이오?"

"뱃사람 신드바드라고 합니다."

나는 이 말을 듣고 선장의 얼굴을 바라보았습니다. 틀림없이 어디서 많이 본 얼굴이었습니다.

나는 깜짝 놀라 소리쳤습니다.

"여보시오, 선장! 내가 바로 신드바드요. 고래 때문에 바다에 빠져 죽을 뻔한 신드바드란 말이오. 다행히 이 섬에 닿아 목숨을 건졌습니다. 뿐만 아니라 마르잔 왕 덕분에 항구의 감독관까지 되었소이다."

그러자 선장은,

"여보시오, 거짓말하지 마시오. 안 되지, 안 돼. 당신은 신드바드의 짐을 가로채려고 그러는 모양인데, 신드바드는 물에 빠져 죽었소. 신드바드가 죽은 걸 보았다는 사람이 수두룩하단 말이오. 그따위 당치도 않은 이야기는 집어치우시오."

하고 딱 잘라 말하는 것이었습니다.

"거짓말인지 참말인지, 내 이야기를 잘 들어보면 알 게 아니오?"

화가 난 나는 선장에게 바그다드를 떠나 고래섬에 닿을 때까지의 일들을 자세히 이야기해 주었습니다.

내 말을 들은 선장과 여러 장사꾼들은 내가 진짜 신드바드라는 것을 믿어 주었습니다. 그래서 나는 짐을 무사히 찾을 수 있었습니다.

나는 짐 가운데 진기한 물건들만 골라서 궁궐로 운반하도록 하였습니다. 나는 이 물건들을 임금님께 바치고 이제까지의 내 사정 이야기를 하였습니다.

임금님은 몹시 놀라며, 내 선물에 대한 답례로 많은 돈과 보물을 주었습니다. 나는 나머지 물건들을 팔아서 큰돈을 모았습니다. 나는 또 장사를 다시 시작하려고 이 섬에서만 나는 물건들을 잔뜩 사들였습니다.

그 물건들을 배에 싣고 바그다드로 돌아갈 준비를 끝낸 나는 미르잔 왕에게 하직 인사를 올리고 배에 올라탔습니다.

그리고 무사히 항해를 마치고 바스라 항구에 도착하였습니다. 바스라 항구에서 나는 며칠 동안 푹 쉰 뒤, 평화로운 바그다드로 돌아왔습니다.

집에 돌아온 나는 훌륭한 저택과 땅을 사들였으며, 전보다 훨씬 많은 하인들을 두고 호화로운 생활을 하였습니다.

지난날 겪었던 온갖 괴로움도 차차 잊어버리게 되었습니다. 매일 가까운 친구들을 초대해서 즐거운 나날을 보내었습니다.

자, 여기서 나의 첫 번째 항해 이야기는 끝을 맺겠습니다.

내일은 두 번째 항해 이야기를 해 드리겠습니다.

짐꾼 신드바드도 여러 손님들과 함께 다음 날 열릴 만찬회에 초대를 받았다.

짐꾼 신드바드가 문을 나서자, 뱃사람 신드바드는 금화 백 닢을 주며 말하였다.

"오늘 당신을 알게 되어 정말 기쁘오. 그럼 내일 다시 만납시다."

짐꾼 신드바드는 많은 돈을 받고 물러나왔다.

'사람의 팔자란 정말 모를 일이야.'

짐꾼 신드바드는 이렇게 생각하며 걸음을 재촉하여 집으로 돌아왔다.

두 번째 항해 — 다이아몬드 산

바그다드에 돌아온 나는 또 날마다 사치스러운 생활을 하였습니다.

그러자 이 생활에도 차차 싫증이 나기 시작하였습니다. 온 세상을 돌아다니며 구경하고 싶어 못 견딜 지경이었습니다. 그래서 되는 대로 물건을 사 가지고 티그리스 강을 따라 다시 바스라라는 곳으로 갔습니다.

거기서 먼 외국으로 가는 배에 올라탔습니다.

일행을 태운 배는 순조롭게 항해를 하였습니다. 우리는 항구에 닿을 때마다 장사를 하여 제법 많은 돈을 모았습니다.

그러다가 어느 날, 우리는 무인도에 도착하였습니다. 그 무인도에는 나무가 울창하고 꽃들이 만발해 있었습니다. 곳곳에 과일이 주렁주렁 열려 군침을 삼키게 하였습니다.

새들은 아름답게 지저귀고 맑은 시냇물은 졸졸 흘러 마치 천국에 온 기분이었습니다. 그러나 사람의 그림자라고는 아무 데도 보이지 않았습니다.

우리는 모두 이 섬에 올라가서 이곳 저곳을 구경하였습니다. 나는 일행과 떨어져 맑은 물이 퐁퐁 소리를 내며 솟는 샘터 나무 아래에 앉아 식사를 하였습니다.

배가 부르자 나도 모르는 사이에 잠이 들었습니다. 코끝에 스며드는 향기로운 산들바람 때문에 깊이 잠들었던 모양입니다. 얼마를 잤는지 눈을 떴을 때, 같이 온 사람은 하나도 보이지 않았습니다. 그뿐 아니라, 배도 떠나 버리고 없었습니다.

나는 눈앞이 캄캄했습니다. 절망에 빠진 나는 땅바닥에 털썩 주저앉
으며 중얼거렸습니다.

"신드바드야, 마침내 최후가 온 것이다. 첫 번째 항해에서 간신히 목
숨을 건지고도 부족해서 또 항해를 했단 말이냐? 이 바보 같은 녀석
아!"

아무리 몸부림치고 울부짖어도 모두 헛일이었습니다. 나는 마음을 단
단히 먹고 정처없이 섬을 돌아다녔습니다. 어느 한 곳에 이르니 큰 나
무가 있었습니다. 나는 그 나무 꼭대기에 올라가서 사방을 둘러보았습
니다. 보이는 것이라고는 나무와 모래와 끝없는 바다뿐이었습니다.

나는 섬 안쪽으로 눈을 돌렸습니다. 무엇인지 모르나 저 멀리 희끄무
레한 것이 보였습니다. 나는 곧 나무에서 내려와 급히 그쪽으로 발걸음
을 재촉하였습니다.

가까이 다가가 보니 그것은 어마어마하게 큰 하얀 돔이었습니다.

나는 그 안에 들어가 보려고 문을 찾아 한 바퀴 빙 돌았습니다. 그러
나 아무리 찾아도 문이라고는 없었습니다. 벽을 타고 올라가려 해도 미
끄러워서 올라갈 수가 없었습니다.

나는 그 돔의 둘레를 재어 보았습니다. 내 발걸음으로 50걸음쯤 되었
습니다.

멍청하게 돔만 쳐다보고 있으려니까, 갑자기 사방이 어두워졌습니다.
나는 해가 구름에 가려진 줄 알고 하늘을 쳐다보았습니다. 여전히 햇볕
은 쨍쨍하였습니다.

자세히 살펴보니 해를 가린 것은 한 마리의 새였습니다. 그 엄청나게
큰 날개에 햇볕이 가려져서 그렇게 어두웠던 것입니다.

새를 보자, 나는 어릴 때 순례자와 여행자들로부터 들은 이야기가 생
각났습니다.

　그 이야기는 어떤 섬에 로크라는 큰 새가 있다는 것이었습니다. 그 새는 어찌나 큰지 새끼에게도 코끼리를 잡아 먹인다는 이야기를 들은 적이 있습니다.

　나는 이 희고 둥근 돔이 바로 그 로크 새의 알이라고 생각하였습니다. 과연, 내 생각은 틀리지 않았습니다.

　로크 새는 점점 아래로 내려오더니 알 위에 풀썩 주저앉았습니다. 그러더니 큰 날개를 펴고 알을 품기 시작하였습니다. 그리고는 알을 품은 채 그대로 잠들어 버렸습니다.

　이때, 나는 머리에 두른 터번을 풀어 밧줄처럼 꼬았습니다. 이렇게 만든 밧줄로 내 허리를 로크 새의 다리에 꽉 매었습니다.

　어쩌면 사람이 살고 있는 다른 곳으로 나를 데려다 줄지 모른다는 생각이 들었기 때문입니다. 이런 무인도보다는 어디든 사람 사는 곳이 나을 것 같았습니다.

나는 이런 생각을 하며 새 다리에 매달려 밤을 지새웠습니다.

다음 날 아침, 로크 새는 괴상한 소리를 지르면서 날개를 펴고 하늘로 치솟았습니다. 그러다가 어느 험한 산꼭대기에 내려앉았습니다.

나는 터번을 풀고 정신 없이 달아났습니다. 얼마 후 돌아보니, 로크 새는 뭔가 꿈틀거리는 것을 움켜잡고 하늘로 올라갔습니다. 그것은 무시무시하게 큰 뱀이었습니다. 나는 등골이 오싹해졌습니다.

사방을 둘러보아도 눈에 띄는 것이라고는 깊은 골짜기와 높이 솟은 산봉우리뿐이었습니다.

나는 거의 정신을 잃을 것 같았습니다.

'차라리 무인도에 있을 걸 그랬구나. 거기에는 과일도 있고 들도 있었는데, 여기에는 아무것도 없잖아? 공연한 짓을 했어.'

그러나 나는 이런 생각만 하고 있을 수는 없었습니다.

용기를 내어 산을 내려가기 시작하였습니다. 그때 발 밑에서 무언가가 데굴데굴 굴렀습니다. 자세히 보니, 번쩍번쩍 빛나는 다이아몬드였습니다.

나는 다이아몬드가 또 있나 하고 사방을 휘휘 둘러보았습니다. 그때, 사방에서 독사와 구렁이가 똬리를 틀고 잠자는 게 보였습니다.

이 뱀들은 낮에는 똬리를 틀고 잠을 자지만, 밤만 되면 설치고 다녔습니다. 낮에 쏘다니다가는 로크 새의 밥이 되고 말기 때문입니다.

이제 피곤하고 배고픈 건 문제가 아니었습니다. 나는 어떻게 해서든 뱀들의 습격을 받지 않고 안전하게 밤을 새울 만한 곳을 찾아야 했습니다.

해질 무렵 겨우 조그만 굴을 발견하고는 그 안으로 들어갔습니다. 그런 다음, 뱀들이 굴 안으로 들어오지 못하도록 큰 돌로 입구를 막았습니다.

'이 정도면 무사하겠지.'

이런 생각을 하며 굴 안으로 두어 걸음 들어갔습니다.

아, 그런데 거기에도 무섭게 큰 구렁이가 똬리를 틀고 있었습니다. 나는 머리카락이 곤두서고 온몸에 소름이 쫙 끼쳤습니다. 그러나 그대로 하룻밤을 보낼 수밖에 달리 어쩔 도리가 없었습니다.

나는 모든 것을 하늘에 맡기고 그 동굴에서 하룻밤을 보냈습니다. 날이 밝기가 무섭게 나는 입구를 막은 바위를 밀치고 밖으로 뛰어나왔습니다.

밖으로 나온 나는 마치 술에 취한 사람처럼 휘청거리며 걸었습니다. 잠을 한잠도 못 잔데다가 배가 고팠기 때문입니다.

비틀거리며 골짜기를 걸어가고 있는데, 갑자기 커다란 고깃덩어리가 눈앞에 뚝뚝 떨어졌습니다. 그러나 사람의 그림자라고는 보이지 않았습니다.

나는 이상하게 생각하다 전에 들은 여행자들의 모험 이야기가 떠올랐습니다.

그 이야기는 이렇습니다.

깊은 골짜기에 있는 다이아몬드를 손에 넣기 위하여 장사꾼들이 고기를 던진다는 것이었습니다. 고기도 보통 고기가 아니라, 양을 죽여서 가죽을 벗긴 고기라야 된다는 것입니다. 그러면 살코기에 다이아몬드가 묻어 올라온다는 것입니다.

이 골짜기로 날아온 솔개나 매가 그 고깃덩이를 발견하고 산 위로 올라온다는 것입니다. 그러면 장사꾼들이 '와아 와아' 소리를 지르며 솔개나 매를 쫓아 버립니다.

솔개는 놀라서 그 고깃덩이를 팽개치고 도망간다는 것입니다. 그렇게 해서 장사꾼들은 고기에 묻은 다이아몬드를 쉽게 손에 넣을 수 있다는 이야기였습니다.

이런 생각을 한 나는 이 골짜기를 쉽게 벗어날 좋은 방법이 문득 머리에 떠올랐습니다.

나는 곧 여기저기에 널려 있는 다이아몬드를 몸에 지닐 수 있을 만큼 주웠습니다. 그리고 터번을 풀어 내 몸을 고깃덩이에 묶고, 죽은 듯이 쓰러져 있었습니다.

마침내 솔개 한 마리가 쏜살같이 내려와 날카로운 발톱으로 고깃덩이를 움켜쥐더니 하늘로 날아 올랐습니다.

솔개는 한참을 날다가 산꼭대기에 내려앉아서 움켜쥐고 온 고깃덩이를 찢어 먹으려고 하였습니다.

그때 마침 뒤쪽에서 왁자지껄 떠드는 소리가 들려왔습니다. 그 소리는 나무를 딱딱 치는 소리와 뒤섞여 아주 크게 들려왔습니다.

솔개는 그만 깜짝 놀라 고깃덩이를 내버려 두고 날아가 버렸습니다. 나는 곧 터번을 풀고 일어났습니다. 온몸이 양의 피로 붉게 물들어 있었습니다.

장사꾼 하나가 달려오다가 내 꼴을 보고는 몹시 놀란 모양이었습니다. 그는 잠깐 멈칫하다가 고깃덩이를 이리저리 뒤적이며 다이아몬드를 찾았습니다.

그러나 아무리 뒤져도 다이아몬드는 한 개도 묻어 있지 않았습니다.

"아니, 이거 손해만 보았는데!"

장사꾼은 손을 툭툭 털며 말하였습니다. 그는 나를 보고는 말하였습니다.

"당신은 누구요? 어째서 이런 곳에 왔소?"

"놀라실 것 없습니다. 나도 당신들과 똑같은 장사꾼이오. 여기까지 오는 데 말 못 할 고생과 위험을 겪었소. 그건 그렇고, 우선 당신에게 선물을 드리지요. 저 아래 골짜기에서 주은 다이아몬드입니다."

나는 이렇게 말하면서 그 장사꾼에게 다이아몬드 몇 개를 꺼내어 주었습니다. 장사꾼은 크게 기뻐하였습니다. 그러는 동안 장사꾼 몇 사람이 나를 둘러쌌습니다. 나는 이 사람들에게도 다이아몬드를 나누어 주었습니다.

밤이 되자 우리는 천막을 치고 하룻밤을 보냈습니다.

다음 날 아침, 우리들은 일찍 출발하여 바닷가까지 왔습니다. 거기서 장사꾼들과 함께 배를 타고 항해를 하다가 어떤 아름다운 섬에 닿았습니다.

그 섬에는 굉장히 큰 칡덩굴이 많았습니다. 그 칡덩굴이 어찌나 큰지, 그 밑에서 100명 가량이 쉴 수 있을 정도였습니다.

그 섬에는 코뿔소도 있었습니다. 코뿔소는 소나 말처럼 풀을 먹고 사는 짐승인데, 키가 낙타보다 크고, 몸 길이는 약 5미터나 되었습니다. 또 머리 한복판에 굵직한 뿔 하나가 우뚝 솟아 있었습니다.

섬 풍경에 대한 이야기는 이 정도로 그치겠습니다.

나는 이 섬에서 다이아몬드 몇 개를 팔아서 그 돈으로 많은 물건들을 사들였습니다. 또 항해가 시작되었습니다. 배를 타고 이 항구 저 항구에 들러 장사를 하며 바스라까지 무사히 왔습니다.

나는 여기서 2, 3일 묵은 뒤, 바그다드로 떠났습니다.

집에 도착한 나는 친척과 친구들을 불러서 가지고 온 금은보화를 선물로 주었습니다.

나는 또 예전과 다름없이 좋은 옷과 좋은 음식에, 좋은 술을 마시며 또 방탕한 생활을 계속하였습니다. 매일 친구들이 찾아와 나와 어울리면서 호화스러운 나날을 보냈습니다.

이로써 두 번째 항해 이야기는 끝났습니다.

내일은 세 번째 항해 이야기를 하겠습니다.

성대한 만찬이 끝나자, 사람들은 하나 둘 돌아가기 시작하였다.

뱃사람 신드바드는 짐꾼 신드바드에게 또 금화 백 닢을 주었다. 짐꾼 신드바드는 뱃사람 신드바드에게 몇 번이나 고맙다는 인사를 하고 집으로 돌아갔다.

다음 날 아침, 짐꾼 신드바드는 아침 일찍 일어나 기도를 마치고 곧 뱃사람 신드바드의 저택으로 갔다.

뱃사람 신드바드는 여느 때와 다름없이 짐꾼 신드바드를 반갑게 맞이해 주었다.

손님들이 다 모이자, 주인이 식사를 내어 와서 모두 배불리 먹었다. 식사가 끝나자 뱃사람 신드바드의 이야기는 또다시 시작되었다.

세 번째 항해─거인의 섬

나는 매일매일 똑같은 단조로운 생활에 또다시 싫증이 나기 시작하였습니다.

돈도 벌고 모험도 할 겸, 다른 나라로 돌아다니고 싶다는 생각이 자꾸 더해 갔습니다. 그래서 나는 물건을 잔뜩 사 가지고 티그리스 강을 지나 다른 장사꾼들과 함께 바스라로 떠났습니다.

순풍에 돛을 올린 우리 일행은 이 항구 저 항구, 이 도시 저 도시를 거쳐 편안한 항해를 계속하였습니다.

그러던 어느 날이었습니다. 선장이 갑자기 비명을 올리며 기둥에 머리를 들이받는 것이었습니다. 선장은 미친 사람처럼 옷을 찢으며 말하였습니다.

"아, 하느님 맙소사! 이젠 마지막이다. 운 나쁘게 바다 한복판으로 나와 버렸어. 더구나 이 근처에는 원숭이같이 털이 북슬북슬한 난쟁이가 살고 있는 섬이 있단 말이야. 그 놈들이 습격을 해 오면 우리는 모두 죽음을 당하는 거야!"

그런데 정말 선장의 말이 끝나자마자, 수많은 난쟁이들이 개미 떼처럼 배로 몰려왔습니다.

난쟁이들의 키는 겨우 네 뼘이나 될까말까 하고, 온몸이 털북숭이였습니다. 눈은 노랗고 얼굴은 새까매서 보기에도 무섭고 괴상한 꼴이었습니다. 난쟁이들의 수는 이루 헤아릴 수 없이 많아 우리는 마음대로 손을 쓸 생각도 못하였습니다.

만일 난쟁이 하나라도 다치게 하였다가는 큰일이 벌어질 것이 뻔하였습니다. 그래서 우리는 난쟁이들이 하는 대로 그냥 내버려 두었습니다.

그러자 난쟁이들은 돛대에 올라가서 매어 놓은 밧줄을 끊어 버렸습니다. 그뿐 아니라, 그들은 배 안에 있는 밧줄이라는 밧줄은 모조리 끊어 버렸습니다.

그 바람에 배는 중심을 잃고 바람에 밀려 어떤 섬의 모래톱에 닿았습니다.

그러자 난쟁이들은 우리를 하나하나 붙잡아 육지로 옮겨 놓았습니다. 그리고는 짐을 실은 채 배를 몰고 어디론지 사라져 버렸습니다. 섬에 버려진 우리 일행은 간신히 나무 열매와 물을 찾아 내어 목숨을 이어 갔습니다.

그러던 어느 날, 섬의 여기저기를 돌아다니다가 사람이 사는 듯한 집을 발견하였습니다. 우리는 곧 그 집 가까이로 달려갔습니다.

그 집은 성벽으로 둘러싸여 있었는데, 이상하게도 대문이 활짝 열려 있었습니다. 우리는 망설이지 않고 대문을 지나 뜰로 들어갔습니다.

뜰에 들어가 사람을 찾았으나, 아무도 눈에 띄지 않았습니다. 보이는 것이라고는 뜰 한쪽 구석에 산더미같이 쌓여 있는 뼈뿐이었습니다. 그 옆에는 솥과 냄비가 큰 화로 위에 걸려 있었습니다.

우리는 배도 고프고 몹시 지쳐 있었으므로, 뜰에 앉자마자 어느 새 깊이 잠들고 말았습니다.

얼마를 잤을까, 땅이 꺼지는 듯한 큰 소리에 모두 눈을 떴습니다. 우리 앞에는 시커먼 괴물이 우뚝 서서 무섭게 노려보고 있었습니다.

야자나무 밑동같이 굵은 다리와 팔, 뒤룩뒤룩 구르는 왕방울 같은 눈, 우물 같은 입에는 멧돼지의 어금니 같은 송곳니가 솟아 있었습니다.

게다가 입술은 낙타의 입술처럼 가슴팍까지 축 늘어져 있었고, 손톱도 사자의 발톱같이 날카로웠습니다.

우리는 이 무시무시한 거인을 보자, 혼이 나갈 만큼 놀라 살아 있다는 생각조차 들지 않았습니다.

거인은 잠시 동안 우리의 동정을 살피고 나서 이쪽으로 성큼성큼 다가왔습니다. 그러더니 그 많은 사람들 가운데서 하필이면 나를 골라 한쪽 손으로 꽉 움켜쥐었습니다. 그리고는 마치 푸줏간의 고기를 대하듯 나를 한참 이리저리 살펴보았습니다.

그러나 나는 야위어서 뼈와 가죽만 남았기 때문에, 거인은 나를 팽개치듯 던져 버렸습니다. 그리고는 다른 사람을 골라잡고 또 살피다가 또 던져 버렸습니다.

맨 나중에는 제일 살찐 선장이 붙잡혔습니다.

선장은 몸이 뚱뚱하고 살이 쪄서 거인의 마음에 들었던 모양입니다. 거인은 선장을 힘껏 움켜쥐고 한입에 삼켜 버렸습니다. 그리고는 사방이 떠나갈 듯 코를 골며 잠을 잤습니다.

아침이 되자, 거인은 일어나서 어디론지 가 버렸습니다.

거인이 간 후, 우리는 안전한 곳을 찾아다녔습니다. 그러나 아무리 찾아도 있을 곳이 없었습니다.

그러는 동안 해는 져서 우리는 다시 성 안으로 돌아왔습니다. 얼마 후 땅이 꺼질 듯 흔들리더니 또 그 무시무시한 거인이 나타났습니다.

거인은 어제처럼 우리 중에서 제일 살찐 사람을 골라 먹어 버리고, 또 쓰러져 잠을 잤습니다.

다음 날 아침, 거인이 사라지자 우리는 의논을 하였습니다.

"이대로 거인의 밥이 되기보다는 차라리 바다에 빠져 죽는 게 낫겠어."

"좀 기다려 보세."

"어떻게 해서든지 저 괴물을 죽여 버려야 하네. 그렇지 않고는 우리 목숨이 붙어 있지 못할 거야."

"정말 그래."

모두 그 거인을 없애 버리자는 데 의견을 모았습니다.

"하지만 뜻대로 안 되는 수도 있을 거야. 그러니 그 전에 작은 배를 한 척 만들어 두세. 실패하면 곧 배를 타고 도망가게 말이야. 가다가 죽으나 잡혀서 먹히거나 죽는 건 마찬가지가 아닌가?"

나는 이렇게 의견을 말하였습니다.

"거 참 좋은 생각이군!"

우리는 곧 배를 만들었습니다. 배를 다 만들자, 거기에 과일과 물을 가득 실었습니다. 저녁이 되자, 거인이 또 나타났습니다.

그 날도 역시 살찐 사람을 골라 삼킨 거인은 우레같이 코를 골며 잠을 잤습니다.

거인이 자는 동안 우리는 쇠꼬챙이 두 개를 새빨갛게 달구어, 자고 있는 거인의 두 눈을 힘껏 찔렀습니다.

거인은 무섭게 소리치며 벌떡 일어나서 마구 날뛰었습니다. 그러나 양쪽 눈이 보이지 않아 허공만 더듬으며 허우적거릴 뿐이었습니다.

우리는 이때를 놓치지 않고 바닷가로 달려가서 배를 탔습니다. 모두 한숨을 돌리고 있을 때, 그 거인이 다른 거인들을 데리고 쫓아왔습니다.

우리는 죽을 힘을 다하여 배를 저었습니다. 이것을 본 거인들은 바윗돌을 마구 집어던졌습니다.

산더미 같이 쏟아지는 바윗돌에 배는 산산이 부서지고, 사람들은 순식간에 물귀신이 되고 말았습니다.

겨우 돌이 안 닿을 만한 곳에 이르러 살펴보니 살아남은 사람은 나와 다른 두 사람뿐이었습니다.

우리 셋은 배 조각을 붙잡고 힘을 다하여 헤엄을 쳤습니다. 그러나 잠시 후에는 힘이 빠져 더 이상 헤엄을 칠 수 없게 되었습니다.

배는 파도에 떠밀려 멋대로 흘러갔습니다.

그러다가 운 좋게 어떤 섬에 닿았습니다. 기진맥진한 우리는 간신히 섬으로 기어 올라갔습니다.

섬에는 나무가 울창하고 시냇물도 졸졸 흘렀습니다. 우리는 나무 열매를 따먹고 물을 마셔서 기운을 차렸습니다.

그날 밤이었습니다.

우리가 지친 몸을 쉬고 있는데, 갑자기 어디선가 바람이 부는 듯한 이상한 소리가 들렸습니다. 우리는 귀를 곤두세웠습니다.

그런데 이게 어찌 된 일입니까?

무시무시하게 큰 이무기가 우리 셋을 둘러싸고 똬리를 틀고 있었습니다. 이무기는 목을 치켜들고 입을 쩍 벌리더니 눈 깜짝할 사이에 동료 한 사람을 삼켜 버렸습니다. 이무기는 배가 불렀는지 어디론가 사라져 버렸습니다. 살아남은 나와 또 한 사람은 어찌할 바를 모르고 하루를 지냈습니다.

해가 지자 우리는 높은 나무에 올라가 하룻밤을 지내기로 하였습니다. 사방이 캄캄해지자 어제의 그 이무기가 '씨익씨익' 소리를 내며 우리가 숨어 있는 나무로 기어 올라왔습니다.

그러더니 미처 꼭대기까지 오르지 못한 또 한 사람의 동료를 삼켜 버렸습니다. 이무기는 다시 나무에서 내려와 어디론지 가 버렸습니다.

이윽고 날이 밝았습니다.

나는 내 앞일을 예측할 수가 없었습니다. 한참 생각한 끝에 나는 기다란 막대기를 모아 내 몸을 싸고 다발처럼 묶었습니다. 그리고는 밤까지 마치 관 속에 누운 송장처럼 쓰러져 있었습니다.

밤이 되자 또 이무기가 다가와 나를 삼키려 하였습니다. 하지만 딱딱한 나무에 싸여 있어 삼킬 수가 없었습니다.

이무기는 밤새도록 '씨익씨익' 소리를 내며 기어다니다가 날이 밝자 그대로 돌아가 버렸습니다.

나는 곧 나무를 풀고 바닷가로 달려갔습니다. 뜻밖에도 저 멀리 배 한 척이 지나가고 있었습니다.

나는 나뭇가지를 꺾어서 흔들며 소리를 질러 배를 불렀습니다. 다행히도 배는 내게로 다가왔습니다. 나는 그 배의 구원을 받아 어느 섬에 무사히 닿았습니다.

배에 탔던 장사꾼들은 항구에 들를 때마다 장사를 하러 나갔습니다. 그러나 나는 빈털터리였습니다.

하루는 선장이 말하였습니다.

"당신은 빈털터리이니 내가 한몫 벌게 해주려 하는데, 어떻게 생각하십니까? 이 배에는 임자 없는 물건이 많아요. 그것을 당신이 파시오.

돈을 벌면 일부는 당신이 갖고, 나머지는 바그다드에 있는 짐 임자의 가족을 찾아가서 전해 주면 됩니다."

나는 싫고 좋고를 가릴 형편이 못 되어 즉시 그렇게 하겠다고 승낙하였습니다.

선장은 선원을 불러 곧 내게 짐을 주라고 말하였습니다.

"선장님, 이 짐은 누구의 것입니까?"

선원이 묻자, 선장이 대답하였습니다.

"원래 주인은 신드바드라는 사람이야. 하지만 오늘부터는 이 사람에게 맡겨 두는 거야."

나는 내 이름을 듣고 깜짝 놀랐습니다. 선장의 얼굴을 자세히 살펴보니 어디서 본 듯한 사람이었습니다.

나는 선장에게 소리쳤습니다.

"그 신드바드는 바로 저입니다. 몇 해 전에 로크 새가 있는 섬에서 낮잠을 자다가 배를 놓친 장사꾼입니다. 다이아몬드 산에서 내 이야기를 들은 장사꾼이 있으면 나를 증명해 줄 것입니다."

다이아몬드 산이라는 말에 한 장사꾼이 앞으로 나오더니, 선장과 여러 사람에게 말하였습니다.

"내가 전에 다이아몬드를 많이 가진 어떤 사나이를 솔개가 물고 왔다고 하지 않았습니까? 바로 이분이 그 신드바드입니다."

장사꾼의 말이 끝나자 선장은 짐에 무슨 표시라도 해 두었느냐고 물었습니다. 나는 내가 해 두었던 표시를 자세히 설명해 주었습니다.

마침내 선장은 내가 신드바드임을 믿어 주었습니다. 나도 그때부터 여러 장사꾼들과 어울려 장사를 하며 드디어 인도까지 갔습니다.

우리는 거기서 여러 가지 향료와 비단을 사 가지고 또 다른 나라로 장삿길을 떠났습니다.

그 후 우리는 장사를 마치고 바스라까지 무사히 왔습니다. 거기서 얼마 동안 머물다가 바그다드로 다시 돌아온 것입니다.

이번 항해에서도 나는 많은 돈을 벌었습니다. 그래서 번 돈을 가난한 사람들에게 아낌없이 나누어 주었습니다. 그리고 여러 친척들과 친구들을 모아 며칠이고 큰 잔치를 베풀었습니다.

이것이 나의 세 번째 항해 이야기입니다.

내일은 더 재미있는 네 번째 모험담을 들려 드리겠습니다.

만찬이 끝나자 뱃사람 신드바드는 짐꾼 신드바드에게 또 금화 백 닢을 주었다.

다음 날 아침, 짐꾼 신드바드를 비롯하여 여러 사람들이 모이자, 뱃사람 신드바드는 다시 이야기를 시작하였다.

네 번째 항해-죽음의 동굴

나는 세 번째 항해에서 돌아와 즐겁게 지내는 동안 지난 일을 깨끗이 잊어버렸습니다. 그런데 어느 날부터 또다시 여행을 하고 싶어서 못 견디게 되었습니다.

이럴 즈음, 장사꾼들이 와서 장사 이야기를 하며 같이 떠나자고 말하였습니다. 나는 더 참을 수 없어서 또 한 번 배를 타기로 결심하였습니다.

여행 준비를 갖추고 나는 장사꾼들과 함께 장삿길에 나섰습니다. 이 항구 저 항구로 항해를 계속하였습니다.

그러던 어느 날, 갑자기 심한 풍랑이 일어 눈 깜짝할 사이에 배가 부서져 버렸습니다. 나는 몇몇 동료와 함께 나뭇조각을 붙잡고 헤엄쳤습니다.

우리는 하루 종일 물 속에서 헤매다가 마침내 어느 섬에 닿았습니다. 그러나 춥고 배고프고 지친 나머지, 해변에 닿자마자 정신을 잃고 말았습니다.

다음 날 아침, 정신을 차린 우리는 섬 안으로 들어갔습니다. 그러다가 오두막집을 발견하고 그 집 가까이 갔습니다.

그런데 갑자기 벌거벗은 토인들이 우 몰려와서 우리들을 붙잡아 추장 앞으로 끌고 갔습니다. 추장은 이제까지 보지도 듣지도 못한 음식을 가져와 우리에게 먹으라고 하였습니다.

다른 장사꾼들은 배가 고파 못 견디던 판이라 마구 먹어 댔습니다. 그렇지만 나는 구역질이 나서 도저히 먹을 수가 없었습니다.

그러나 다행히 그 음식을 먹지 않은 덕분에 나만 목숨을 건졌으니, 이상한 일입니다. 다른 장사꾼들은 한 입 두 입 먹어 보다가 갑자기 미친 듯이 퍼먹었습니다.

이때, 벌거숭이 토인들이 야자 기름을 가지고 와서 장사꾼들의 몸에 발랐습니다. 그러자 배가 풍선처럼 부풀고, 음식은 자꾸자꾸 들어갔습니다.

나중에 안 일이지만, 우리를 사로잡은 이 토인들은 식인종이었습니다. 이들은 사람을 사로잡아 살찌게 한 다음 잡아먹는다는 것입니다.

나는 먹지도 못한데다가 겁에 질려 야윌 대로 야위어 뼈와 가죽만 남았습니다. 그래서 토인들도 나 같은 건 거들떠보지도 않았습니다.

나는 틈을 보아 바닷가 쪽으로 도망쳤습니다.

풀잎과 나무 뿌리로 허기를 면하고 풀숲이나 나무 밑에서 잠을 자곤 하였습니다.

여드레째 되는 날 아침, 나는 겨우 사람들을 발견하고 다가갔습니다.

그들은 농부들이었습니다.

그들은 나를 보자, 빙 둘러서서 물었습니다.

"너는 누구며, 어디에서 왔느냐?"

나는 배가 부서진 후, 식인종에게 잡혀서 혼이 난 일과 도망쳐 온 여러 가지 일들을 자세히 들려주었습니다.

농부들은 일을 마치자 나를 이웃 섬에 있는 그들의 도시로 데려갔습니다.

여기서 나는 임금님을 만나 극진한 대접을 받았습니다. 그 후 나는 시내 여기저기를 구경하였습니다. 그곳은 인구가 많고 번화한 거리였습니다.

가게마다 여러 가지 상품들이 쌓여 있고, 장사가 잘되었습니다. 그 거리에는 부자나 가난한 사람 할 것 없이 모두 훌륭한 말을 타고 다녔습니다. 그러나 이상하게도 모두 안장이 없는 말을 타고 다녔습니다. 나는 그 까닭을 임금님께 물었습니다.

그러나 임금님은 안장이라는 것을 전혀 몰랐습니다. 그래서 나는 안장을 만들어 임금님께 보여 주기로 마음먹었습니다.

다음 날, 목수를 불러 안장을 만들었습니다.

나는 다 만들어진 안장을 임금님 말에 얹고, 임금님을 모셔갔습니다.

임금님은 훌륭한 안장이 놓인 말을 보자, 크게 기뻐하며 올라타 보았습니다. 그리고는 편안한지 기분이 아주 좋아 보였습니다.

나는 임금으로부터 많은 상금을 받았습니다. 여러 대신들도 부러워하는 눈치여서 그들에게도 안장을 만들어 주었습니다.

나중에는 임금님의 신하와 관리들의 안장까지 만들어 주고, 나는 큰 부자가 되었습니다.

어느 날, 임금님은 나에게 공주를 아내로 삼아 달라고 부탁하였습니다.

너무도 뜻밖의 말에 나는 한참 어리둥절하였습니다. 거듭 조르는 바람에 나는 그렇게 하겠다고 대답하였습니다.

임금님은 곧 재판관과 증인을 불러 결혼 계약서를 만들게 하고, 그날로 결혼식을 올렸습니다.

우리는 훌륭한 저택에서 수많은 노예를 거느리고 호화스러운 생활을 하였습니다.

그러던 어느 날이었습니다. 이웃집 친구의 아내가 갑자기 죽었습니다. 나는 곧 문상을 가서 친구를 위로해 주었습니다.

그는 풀이 죽어 금방이라도 아내를 따라 죽을 것만 같았습니다.

"너무 상심하지 말게. 알라 신이 어쩌면 자네에게 더 훌륭한 아내를 얻게 할지 누가 아는가?"

"고맙네. 하지만 이젠 다 틀렸어. 나는 오늘 하루밖에 더 못 살아."

"뭐라고? 하루밖에 못 살아? 기운을 내게. 이렇게 멀쩡하면서……"

"그런 게 아니야. 나는 오늘 안으로 아내와 같이 무덤에 들어가야 해. 이 나라에서는 아내가 먼저 죽으면 남편이 아내와 함께 생매장을 당한다네. 이건 오랜 옛날부터 내려온 풍습이야."

나는 정신이 아찔해졌습니다.

"뭐라고, 그런 풍습이 어디 있어?"

내 말이 채 끝나기도 전에 여러 사람이 몰려왔습니다.

사람들은 시체를 관에 넣고 친구를 앞세워 묘지로 갔습니다. 그들은 바닷가에 가까운 산기슭에 이르러 관을 내려놓고 큰 바위를 밀쳤습니다. 그러자 그 밑에 커다란 구멍이 있는 굴이 나왔습니다.

사람들은 그 구멍 속에 시체를 밀어 넣었습니다. 이어서 친구를 밧줄로 묶더니 한 항아리의 물과 빵 일곱 조각을 붙들어 매어 그 굴 속으로 내려 보냈습니다.

나는 그 길로 임금님에게 가서 물었습니다.

"저는 산 사람을 죽은 사람과 함께 묻는 풍습을 이제까지 들어 본 일이 없습니다. 그건 아주 괴상한 풍습입니다. 나처럼 외국에서 온 사람도 역시 아내가 죽으면 함께 생매장을 당해야 합니까?"

"물론 그렇지. 예전부터 전해 내려오는 풍습이라 아무도 거역할 수 없다네."

임금님의 말에 나는 너무도 불안하여 가슴이 철렁 내려앉는 것 같았습니다.

감옥에라도 갇힌 듯한 느낌이었습니다. 세상 사람들과 만나는 일조차 귀찮아졌습니다. 그러나 세월이 감에 따라 그런 기분도 차차 사라지고, 행복한 나날을 보냈습니다.

그러던 어느 날, 갑자기 나의 사랑하는 아내가 죽었습니다. 임금님을 비롯하여 많은 사람들이 문상을 왔습니다.

아내의 시체는 관에 담겨 그 굴 안으로 넣어졌습니다. 다음은 내 차례였습니다.

친구들과 친척들이 나에게 작별인사를 하였습니다. 나는 울며불며 살려 달라고 애원하였습니다. 그러나 누구 한 사람 눈 하나 깜짝하지 않았습니다.

여럿이 나에게 달려들어 강제로 내 몸뚱이를 밧줄로 묶었습니다. 그러고 나서 한 항아리의 물과 빵 일곱 조각을 곁들여 캄캄한 굴 속으로 밀어 넣었습니다.

내가 밧줄을 풀자 굴 문이 막히고 주위는 온통 캄캄해졌습니다.

얼마 후에 정신을 차린 나는 굴 안을 자세히 살펴보았습니다. 사방에는 해골이 널려 있고, 시체 썩는 냄새가 코를 찔렀습니다.

나는 어리석게도 이런 곳에 와서 아내를 얻은 자신을 원망하며 울부짖었습니다. 나는 밤낮을 분간할 수 없는 캄캄한 굴 속에서 절망한 채 오랫동안 신음을 하였습니다.

목이 마르고 배가 고프면 물 항아리를 찾아 물을 마시고 빵을 먹었습니다. 졸리면 한 쪽 벽에 기대어 잠을 잤습니다.

이렇게 지내는 동안 물도 빵도 점점 줄어들었습니다. 하루에 한 번이나 또는 이틀에 한 번쯤 빵맛을 보고 물을 마시는 정도였습니다.

어느 날이었습니다. 한 쪽 구석에 정신 없이 앉아 있는데, 갑자기 굴 뚜껑이 열리면서 밝은 햇빛이 비쳐 들었습니다.

위를 쳐다보니 많은 사람들이 둘러서서 남자의 시체를 버리고 뒤이어 여자가 밧줄에 묶여 내려왔습니다.

나는 어둠 속을 더듬어 기절해 쓰러진 여자 옆에 있는 빵과 물을 슬쩍 가로챘습니다.

며칠씩 사이를 두고 산 사람이 굴 속으로 들어올 때마다 나는 빵과 물을 빼앗아 먹으며 목숨을 이어 갔습니다.

그러던 어느 날, 또 인기척이 들렸습니다. 정신을 가다듬고 소리나는 쪽으로 몰래 다가갔습니다. 가까이 다가가자 무엇인지 알 수 없는 괴물이 어두운 굴 속을 달려 어디론지 사라져 버렸습니다. 틀림없이 짐승 같았습니다.

나는 그 뒤를 따라 굴 속을 기어갔습니다. 얼마쯤 기어갔더니 별빛처럼 희미한 한줄기의 빛이 비쳤습니다. 나는 빛이 비치는 쪽으로 다가갔습니다. 빛은 점점 더 밝아졌습니다.

그 빛은 바위틈으로 비쳐 들어왔습니다. 자세히 보니 그 바위틈은 짐승들이 사람의 시체를 먹기 위하여 드나드는 구멍이었습니다.

그 구멍을 본 나는 갑자기 용기가 솟았습니다. 짐승처럼 몸을 납작하게 엎드리고 그 구멍으로 기어나와 높은 산기슭에 앉았습니다.

내가 앉은 그 산기슭 뒤에는 높은 산이 가로막고 앞에는 바다가 펼쳐져 있었습니다. 시내와는 멀리 떨어져 사람들이 전혀 모르는 곳이었습니다. 나는 한참 동안 쉬고 나서 다시 굴 속으로 들어갔습니다.

굴 안에 들어간 나는 먹다 남은 물과 빵은 물론 시체에 달린 금은 보석을 모조리 거두어 가지고 나왔습니다.

매일 산에 앉아 머나먼 수평선을 바라보는 것이 나의 일과였습니다.

그러던 어느 날, 바다 멀리 배 한 척이 지나가는 게 보였습니다. 나는 옷을 나뭇가지에 묶어 흔들며 소리쳤습니다.

배에서도 나를 본 모양인지, 곧 보트를 내려 나를 구하러 왔습니다. 선장은 나를 보더니 깜짝 놀라며 물었습니다.

"당신은 어째서 그런 데에 있었소? 나는 아직까지 그 섬에서 사람이 살아 나오는 것을 본 적이 없소."

나는 어물어물 대답하였습니다.

"나는 장사꾼입니다. 그런데 항해 중에 배가 부서져 간신히 목숨을 건지고 저 섬에 있었던 것입니다."

그리고는 가장 값진 진주를 꺼내어 선장에게 주면서 말하였습니다.

"선장님 덕분에 저는 살아났습니다. 사례를 하고 싶은데 가진 것이라고는 이것밖에 없습니다. 제발 받아 주시기 바랍니다."

선장은 내가 주는 선물을 정중하게 거절하였습니다.

"그건 안 됩니다. 우리는 이제까지 파선당한 수많은 사람들을 구출하여 왔습니다. 또한 그 사람들에게 먹을 것과 입을 것도 주었지만, 한 번도 사례를 받아 본 적은 없습니다. 그뿐 아니라, 무사히 항구에 닿으면 오히려 이쪽에서 조금이나마 돈을 드리고 싶은 마음입니다."

나는 친절한 선장에게 진심으로 감사를 드리고 알라신의 축복이 있기를 빌었습니다.

그 후 배는 순조롭게 항해하여 바스라에 무사히 도착하였습니다.

나는 거기서 2, 3일 쉬다가 바그다드로 돌아왔습니다. 내가 가지고 온 금은보화는 그대로 창고에 넣어 두었습니다. 그리고 가난한 사람이나 불행한 사람들에게 금은보화를 아낌없이 나누어 주었습니다.

또한 술과 잔치로 계속 즐거운 생활을 누렸습니다.

만찬이 끝나고 뱃사람 신드바드는 짐꾼 신드바드에게 금화 백 닢을 주었다.

다음 날도 신드바드와 손님들이 모였다. 뱃사람 신드바드는 또 이야기를 시작하였다.

다섯 번째 항해―이상한 노인

네 번째 항해에서 돌아온 나는 얼마 동안 호사스러운 나날을 보내다가 다시 장삿길에 나섰습니다.

짐을 싣고 티그리스 강을 건너 바스라에 도착하였습니다.

여기서 나는 새로 만든 배 한 척을 사서 떠나기로 하였습니다. 나는 선장과 선원을 모두 새로 고용하고 많은 장사꾼을 태우고 항해를 하였습니다.

이 항구에서 저 항구, 이 섬에서 저 섬으로 장사를 하며 가다가, 어느 날 뜻밖에 어떤 섬에 도착하였습니다.

그런데 그 섬은 사람이라고는 볼 수 없는 무인도였습니다. 다만, 해안 모래톱 저쪽에 모래에 파묻힌 크고 흰 돔이 보일 뿐이었습니다.

장사꾼들은 모두 그것을 보려고 육지로 올라갔습니다.

나는 배에 남아 그들을 보고 있었습니다. 나중에 알았지만 그것은 로크 새의 알이었습니다. 물론 장사꾼들은 그것을 알 턱이 없었습니다.

가까이 간 장사꾼들은 장난삼아 돌로 알을 때리기 시작하였습니다. 그러자 껍데기가 깨어지면서 그 속에서 깬 병아리 같은 것이 수도 없이 기어 나왔습니다. 장사꾼들은 징그럽게 생긴 병아리 같은 것을 모조리 죽여 버렸습니다.

배에 돌아온 그들은 병아리 같은 것을 죽인 이야기를 아주 자랑스럽게 늘어놓았습니다.

나는 그 이야기를 듣고 깜짝 놀랐습니다.

"그건 로크 새의 새끼야. 이제 곧 어미새가 날아오면 우리는 떼죽음을 당하게 돼."

내 말이 끝나기도 전이었습니다. 큰 구름이 해를 가린 듯 주위가 갑자기 어둠침침해졌습니다.

내가 걱정하던 로크 새 한 쌍이 날아온 것입니다. 로크 새 두 마리는 우리가 탄 배 위를 빙빙 돌았습니다.

나는 선장에게 소리쳤습니다.

"어서 배를 모십시오, 어서요!"

선장은 곧 닻을 올리고 급히 배를 몰았습니다.

로크 새는 잠시 후, 어디론가 가고 보이지 않았습니다.

그러나 얼마 후에 다시 나타나 바로 배 위에 와서 멈췄습니다. 우리는 놀라서 그저 로크 새의 움직이는 모습만 멍하니 바라보았습니다.

자세히 살펴보니, 두 마리 다 커다란 바윗돌을 움켜쥐고 배를 노려보고 있었습니다.

이윽고 바위 하나를 떨어뜨렸습니다. 그런데 다행히 빗나가 바닷속에 떨어졌습니다. 큰 바위가 바다에 떨어지자 바닷물은 바닥이 보일 만큼 크게 갈라졌습니다.

그때 두 번째 바위가 떨어졌습니다. 이번에는 배 뒤쪽에 바로 맞았습니다. 배는 산산이 부서져 우리는 모두 바다에 빠지고 말았습니다.

불행 중 다행히 우리는 널빤지에 매달려 어느 섬에 닿을 수 있었습니다. 얼마 만에 정신을 차린 우리는 섬 안을 살피러 나섰습니다.

그런데 이 섬은 천국의 정원처럼 아름다운 섬이었습니다.

꽃들이 만발하고 맑은 냇물이 졸졸거렸습니다. 나뭇가지에서는 새들이 즐겁게 지저귀고 있었습니다.

그뿐 아니라, 나무마다 잘 익은 과일이 주렁주렁 매달려 있었습니다. 우리는 배가 고팠던 참이라 실컷 따먹었습니다.

다음 날 아침이었습니다. 나는 섬 주위를 어슬렁어슬렁 돌아다니다가 두레박이 있는 한 샘가에 이르렀습니다.

그 샘가에는 한 노인이 맥없이 앉아 있었습니다. 노인은 종려나무 잎으로 허리 부분만 둘렀을 뿐, 아무것도 입고 있지 않았습니다.

나는 이 노인도 배가 조난당하여 이 섬에 왔을 거라고 생각하였습니다. 그러나 노인은 고개만 끄덕일 뿐 말은 한 마디도 하지 않았습니다.

나는 또 노인에게 말을 걸었습니다. 그렇지만 노인은 말은 하지 않고, 다만 저쪽에 보이는 냇물을 건너게 해 달라는 듯이 손짓을 하였습니다.

나는 그 노인이 걸을 수 없어서 그러나 보다 생각하고 노인을 목말을 태워서 냇물을 건넜습니다.

노인을 땅에 내려놓으려고 약간 허리를 구부렸습니다. 그런데 노인은 내리기는커녕 발로 내 목을 힘껏 졸랐습니다. 그 발은 마치 물소 가죽같이 거칠고 시꺼맸습니다.

나는 정신 없이 노인을 떼어내려 하였지만 헛일이었습니다.

나는 목이 조인 채 그대로 정신을 잃고 쓰러졌습니다. 이윽고 정신을 차리자, 노인은 발로 내 등을 힘껏 걷어찼습니다. 나는 다시 노인을 업은 채로 일어섰습니다.

그러자 노인은 이리저리 손짓하며 가리키는 쪽으로 걷게 하였습니다. 나는 하루 종일 그 노인을 업고 다녔습니다. 잠을 잘 때도 화장실에 갈 때도 노인은 나를 놓아주지 않았습니다.

이렇게 지내던 어느 날, 나는 호리병박이 많이 열린 덩굴이 있는 곳에 이르렀습니다. 그 중에는 죽은 덩굴도 있었습니다.

나는 제일 큰 호리병박 한 개를 따서 속을 파내었습니다. 그리고 근처에 널려 있는 포도를 따서 그 안에 가득 채우고 뚜껑을 닫았습니다.

며칠 후에 열어 보니 향기로운 포도주가 가득 차 있었습니다. 나는 그 포도주를 조금씩 마시며 피로를 풀고 울적한 마음을 달래었습니다.

노인은 호리병박에 담긴 술을 맛있게 다 마셨습니다. 술에 취한 노인

은 손뼉을 치며 몸을 흔들어 대더니, 나중에는 술기운이 도는 모양인지 내 목을 죄던 발에도 점점 힘이 빠졌습니다.

나는 이때를 놓치지 않고 노인을 땅바닥에 힘껏 내동댕이쳤습니다. 그리고 다시 달려들까 봐 무서워 부랴부랴 바닷가로 도망쳤습니다.

나는 바닷가에서 나무 열매와 물을 먹으며, 하루하루 배가 지나가기만을 기다렸습니다. 그러던 어느 날, 배 한 척이 섬으로 다가왔습니다. 선원들은 닻을 내리고 물을 길러 섬으로 올라왔습니다.

그들은 나를 보더니 여러 가지 묻기 시작하였습니다. 그래서 나는 그동안 있었던 일을 자세히 이야기해 주었습니다.

내 이야기를 듣고 그들은 모두 깜짝 놀라며 말하였습니다.

"그 놈은 '바다의 노인'이라고 하는 놈인데, 한번 업혀 목을 조르기 시작하면 절대로 놓지 않아요. 그러다가 상대가 힘이 빠지면 먹어 버리는 무서운 악마이지요."

나는 그들과 함께 배를 타고 떠나기로 하였습니다.

밤낮없는 항해 끝에 '원숭이 거리'라고 하는 곳에 닿았습니다. 이 원숭이 거리는 밤마다 수많은 원숭이들이 떼지어 다니며 사람들을 해치므로 그런 이름이 붙은 것입니다.

사람들은 밤이 되면 원숭이를 피하여 배를 타고 바다에서 밤을 새웠습니다.

나는 기분을 바꾸어 볼 셈으로 상륙하여 원숭이 거리를 구경하며 다녔습니다. 그러는 동안에 배는 나를 내버려 둔 채 떠나 버리고 말았습니다.

나는 크게 실망하여 바닷가에 혼자 쭈그리고 앉았습니다. 이때 한 사나이가 지나가다가 내게 이유를 물었습니다.

나는 모든 것을 숨기지 않고 이야기하였습니다.

그러자 그 사나이는 나를 매우 불쌍히 여겼는지, 무명 자루를 하나 주면서 말하였습니다.

"이 자루에 잔돌을 가득 채우시오. 그리고 사람들이 나오면 잠자코 뒤따라만 가십시오. 내가 여러 사람들에게 잘 부탁해 놓을 테니까, 그들이 하자는 대로 하면 됩니다. 그러다 보면 당신 나라에 돌아갈 비용은 모일 것입니다."

내가 이 사나이와 같이 작은 돌을 줍고 있는데, 사람들이 자루를 메고 몰려왔습니다. 사나이는 얼른 그 사람들에게 나를 소개하였습니다.

"이분은 항해 중에 배가 부서져 이곳에 온 외국 사람입니다. 같이 데리고 가서 도와주십시오."

여러 사람들은 쾌히 승낙을 하고 나를 데리고 큰 골짜기로 갔습니다. 그 근처에는 미끄러워서 아무도 못 올라갈 나무들이 빽빽이 서 있었습니다.

나무 밑에 있던 원숭이들이 우리를 보더니, 깜짝 놀라서 일제히 나무로 기어 올라갔습니다.

이때, 사람들은 자루 속의 돌멩이를 꺼내어 원숭이에게 던졌습니다. 그러자 원숭이들도 나무 열매를 따서 우리에게 던졌습니다.

이 나무 열매는 코코아 열매였습니다. 우리는 코코아 열매를 빈 자루에 담아 가지고 마을로 돌아왔습니다.

마을에 돌아온 나는 그 사나이를 찾아가 주워온 코코아 열매를 주었습니다. 그러자 사나이는 그걸 팔아 돈이나 벌라면서 받지 않았습니다.

나는 날마다 코코아 열매를 주워다 팔았습니다. 얼마 안 되어 많은 돈을 모았습니다.

마침 그 무렵, 바스라에 가는 배가 있어 나는 코코아 열매를 많이 가지고 그 배에 탔습니다. 배는 도중에 여러 항구에 들렀습니다. 나는 그

때마다 코코아 열매를 팔아 여러 가지 향료를 샀습니다.

그럭저럭하는 동안에 배는 무사히 바스라에 도착하였습니다. 나는 거기서 얼마 동안 머문 다음에 바그다드의 집으로 돌아왔습니다.

이로써 다섯 번째 항해 이야기는 끝났습니다.

내일은 여섯 번째 항해 이야기를 하겠습니다.

만찬이 끝나자, 뱃사람 신드바드는 짐꾼 신드바드에게 금화 백 닢을 주었다.

다음 날 아침, 짐꾼 신드바드를 비롯한 수많은 사람들이 모였습니다. 그러자 뱃사람 신드바드는 또 이야기를 시작하였습니다.

여섯 번째 항해-루비가 깔린 시냇물

나는 그 후 정말 편안하고 호사스러운 생활을 하였습니다.

그런데 어느 날, 장사꾼들이 나를 찾아와서 외국 이야기를 해 주었습니다. 이야기를 듣다보니 문득 지난날의 일들이 생각나서, 여행을 떠나고 싶어 못 견딜 지경이었습니다.

나는 곧 여행 준비를 하고, 바그다드를 떠나 바스라에 가서 배를 탔습니다. 나는 오랜 항해를 하면서 장사를 하였습니다.

그러던 어느 날, 갑자기 선장이 소리쳤습니다.

"이젠 끝장이야! 진로를 잘못 잡아 엉뚱한 곳에 와 버렸어. 이 일을 어쩌면 좋담!"

선장은 돛 꼭대기에 올라가 돛을 내리려고 하였습니다. 그러나 선장이 꼭대기에 닿기도 전에 갑자기 심한 바람이 불어왔습니다.

배는 중심을 잃고 빙빙 돌다가 키가 부러지고 말았습니다.

그러자 배는 바람과 파도에 실려 떠다녔습니다. 정처없이 떠다니던 배는 어느 높은 산 밑 절벽에 세차게 부딪쳐 산산조각이 나고 말았습니다. 그러나 몇 명은 간신히 목숨을 건져 한 섬의 기슭으로 올라갈 수 있었습니다.

우리는 험악한 절벽을 기어올라 안쪽으로 갔습니다. 얼마를 걸어 어느 산골짜기의 시냇가까지 왔습니다.

무심코 냇물을 들여다보니, 놀랍게도 물 속에는 루비와 진주 같은 보석들이 마치 모래알처럼 흩어져 있었습니다.

물 속이 보석들이 내는 빛으로 환하였습니다.

또 시냇가에는 세상에서 보기 드문 진기한 향료가 햇빛을 받아 물 속으로 녹아 들어가고 있었습니다. 하지만 정작 먹을 거라고는 아무것도 없었습니다. 그래서 몸이 점점 쇠약해져 동료들이 하나둘 죽어 갔습니다. 얼마 안 가서 이들도 다 죽고 나 혼자만 살아남았습니다.

나도 머지않아 죽을 거라고 생각하고 스스로 무덤을 파기 시작하였습니다.

바로 그때, 나는 언뜻 한 가지 생각이 떠올랐습니다.

'이 냇물을 따라가면 살 길이 생길지도 모른다.'

이런 생각이 들자 나는 힘이 솟았습니다.

나는 곧 나무로 작은 뗏목을 만들었습니다. 뗏목에 보석과 풀 · 나무 뿌리 등 양식이 될 만한 것을 싣고 냇물을 따라 내려갔습니다. 그런데 냇물은 갑자기 산 속으로 흘러 들어가기 시작했습니다. 바로 땅속으로 흘러 들어가는 냇물이었습니다.

캄캄한 굴 속인데다가 냇물 폭이 좁아, 뗏목이 이리저리 부딪쳐서 도무지 정신을 차릴 수 없었습니다. 냇물은 점점 좁아지고 굴 천장의 높이도 낮아져서, 나는 고개도 들 수 없었습니다.

나는 뗏목에 납작 엎드린 채 물결을 따라 흘러갔습니다. 이렇게 얼마를 가는 동안 나는 깜박 잠이 들었습니다. 정신을 차려 일어났을 때는 햇빛이 눈부시게 비치는 어느 섬 기슭에 닿아 있었습니다.

내 주위에 많은 인도 사람과 아비시니아 사람들이 몰려와서 둘러쌌습니다.

내가 일어나자, 그들은 가까이 다가와 무엇이라고 지껄였습니다. 그러나 무슨 말인지 한 마디도 알아들을 수 없었습니다. 그 중 한 사나이가 나서며 아라비아 말로 물었습니다.

"너는 누구냐? 나는 농부인데, 들에서 일하다가 네가 떠내려오는 것을 보고 기슭으로 끌어올렸다."

나는 대답 대신 먹을 것을 달라고 말하였습니다.

사나이는 곧 먹을 것을 가지고 왔습니다. 나는 배불리 먹고 정신을 차린 후, 비로소 고맙다는 인사를 하였습니다. 그리고 나서 지금까지 내가 겪은 이야기를 자세히 말해 주었습니다.

내 이야기를 들은 사람들은 어떻게 할까 의논을 하였습니다. 그러더니 나를 뗏목에 실린 짐과 함께 실론 섬의 임금님께 데리고 갔습니다.

임금님은 나를 정중하게 맞아주고 무사하게 된 것을 축하해 주었습니다. 나는 루비와 진주와 향료를 임금님께 드렸습니다. 임금님은 매우 기뻐하며, 궁궐에 오래오래 머물러 있어 달라고 부탁하였습니다.

나는 날마다 임금님과 여러 가지 이야기를 하면서 편안히 지냈습니다. 그러다가 하루는 바스라로 가는 장사꾼들이 항구에 있다는 말을 들었습니다.

나는 임금님께 바스라로 가는 장사꾼들과 함께 우리나라로 돌아가고 싶다고 말하였습니다.

임금님은 섭섭해하였습니다. 그러나 내 결심을 바꿀 수 없다고 생각을 하였는지, 나에게 많은 선물을 주었습니다. 또 우리나라의 유명한 하룬 알 라시드 교주에게 전해 달라면서 진기한 선물을 주었습니다.

임금과 헤어진 나는 배를 타고 바스라에 무사히 도착하였습니다. 나는 거기서 며칠 쉬고 바그다드로 돌아왔습니다.

나는 곧 하룬 알 라시드 교주를 찾아가 임금님이 준 선물을 전하고, 항해에서 겪었던 이야기를 해 주었습니다.

그러자 교주는 내 모험담을 금 글자로 기록하여 후세에 길이 전하라고 명령하였습니다.

나는 교주와 헤어져 집으로 돌아왔습니다.

나는 그 전처럼 가난하고 불쌍한 사람들에게 많은 보물을 골고루 나누어 주었습니다.

이로써 여섯 번째 항해 이야기를 마치겠습니다.

자, 그러면 내일은 마지막 모험담인 일곱 번째 항해 이야기를 하겠습니다.

만찬이 끝나자, 뱃사람 신드바드는 짐꾼 신드바드에게 또 금화 백 닢을 주었다.

다음 날 아침, 짐꾼 신드바드와 여러 손님이 모이자, 뱃사람 신드바드는 마지막 항해 이야기를 하였다.

일곱 번째 항해—코끼리의 무덤

나는 지난번 항해에서 돌아와, 이제는 절대로 항해를 하지 않겠다고 결심하였습니다. 그런데 하루는 하룬 알 라시드 교주에게서 연락이 왔습니다. 나는 곧 교주가 있는 성으로 갔습니다.

교주는 나를 극진히 대접해 주고, 나에게 부탁이 있다면서 다음과 같이 말하였습니다.

"매우 어려운 일이지만, 실론 섬에 가서 임금님께 선물과 편지를 전해 주게. 전에 내가 받은 선물에 대한 답례로 말일세."

교주의 명령을 어길 수가 없었습니다.

나는 교주로부터 여비와 임금님께 줄 선물, 편지 등을 받아 가지고 물러나왔습니다. 그리고는 다시 장사꾼들과 함께 배를 타고 출발하였습니다.

이윽고 실론 섬에 도착한 나는 임금님께 교주가 보낸 선물과 편지를 바쳤습니다.

임금님은 다시 찾아온 나를 진심으로 환영해 주었습니다. 나는 극진한 대접과 함께 많은 선물까지 받았습니다.

며칠 머문 후, 나는 그곳을 떠나 고향을 향하였습니다.

그런데 오는 도중, 통나무배를 탄 괴한들에게 습격을 받았습니다. 헤아릴 수 없을 만큼 많은 통나무배에는 활과 칼로 무장한 야만인들이 타고 있었습니다.

이 야만인들은 우리의 배에 오르자마자 배에 탄 사람들을 마구 찔러 죽였습니다. 그리고 살아남은 사람은 짐과 함께 섬으로 끌고 갔습니다.

야만인들은 우리를 노예로 팔았습니다. 나도 노예로 팔려 갔지만, 나를 산 사람은 큰 부자였습니다. 그는 마음씨가 착한 사람이라 내게 친절히 대하여 주었습니다.

어느 날, 주인은 내게 활을 쏠 줄 아느냐고 물었습니다. 나는 잘 쏘지는 못하지만 조금 쏠 줄 안다고 대답하였습니다.

그러자 주인은 나에게 활과 화살을 주며, 같이 코끼리 사냥을 가자고 말하였습니다.

우리는 날이 밝기 전에 코끼리를 타고 숲 속으로 들어갔습니다. 어느 큰 나무 밑에 이르자 주인이 말하였습니다.

"활과 화살을 가지고 이 나무 위로 올라가게. 해 뜰 무렵에 코끼리 떼가 이 나무 밑을 지날 테니 그걸 쏘게. 쓰러지거든 곧 알려주게."

말을 마친 주인은 집으로 돌아가 버렸습니다.

나는 나뭇잎 틈으로 아래를 지켜보았습니다.

날이 밝아 아침 해가 솟을 때쯤 코끼리 떼가 나타났습니다.

나는 바로 화살을 쏘았습니다.

쉬지 않고 거듭 쏘아 저녁때에야 겨우 한 마리를 쓰러뜨렸습니다. 나는 곧 집으로 달려가서 이 사실을 알렸습니다.

주인은 매우 기뻐하며 다음 날 아침 죽은 코끼리를 어디론가 운반하여 갔습니다. 나는 얼마 동안 코끼리를 잡으면서 날을 보내었습니다.

그런데 하루는 뜻밖의 일이 벌어졌습니다. 코끼리 떼가 몰려와 내가 올라가 있는 나무를 쓰러뜨린 것입니다.

나는 코끼리 떼 속에 떨어져 정신을 잃었습니다. 정신이 들어 살펴보니, 내 주위에는 수많은 죽은 코끼리들이 널려 있었습니다.

그곳은 코끼리의 묘지였습니다. 늙은 코끼리가 나를 몰고 이곳까지 왔는지도 모릅니다.

나는 하루 종일 걸어서 주인 집으로 돌아왔습니다. 주인은 무사히 돌아온 나를 보고 기뻐하였습니다. 내가 겪은 이야기를 들은 주인은, 처음에는 몹시 놀란 표정을 지었습니다. 그러다가 나중에는 매우 기쁜 듯이 그곳으로 같이 가자고 말하였습니다.

나와 주인은 곧 코끼리를 타고 코끼리의 묘지로 갔습니다. 거기서 우리는 많은 상아를 모아 코끼리 등에 가득 싣고 돌아왔습니다.

그 후부터 주인은 나를 더욱 친절하게 대하였습니다. 그래서 나는 고향으로 돌아가게 해 달라고 부탁하였습니다.

"보내 주고말고. 이제 얼마 안 있으면 사방에서 상아를 사러 오는데, 그때 돌아가는 것이 좋겠어."

그 후 상아 시장이 서고, 상아를 산 장사꾼들은 제각기 자기 나라로 돌아가게 되었습니다. 주인은 내 뱃삯을 치러 주고, 많은 상아를 선물로 주었습니다.

일행은 순조롭게 항해를 하며 곳곳에 들러 장사를 하였습니다.

나는 선물로 받은 상아를 팔아서 여러 가지 진기한 물건을 잔뜩 사 가지고 바그다드로 돌아왔습니다.

바그다드에 도착하자, 교주를 찾아가 인사를 드리고 그 동안의 일을 자세히 보고하였습니다.

그리고 집으로 돌아온 나는 이제 두 번 다시는 항해를 하지 않겠다고 결심하였습니다.

"여보게, 짐꾼 신드바드! 내가 오늘날 이렇게 된 것은 남보다 몇 배로 고생을 하였기 때문일세. 더구나 죽을 고비를 넘긴 것만 해도 손으로 꼽을 수 없을 정도야."

"잘 알겠습니다. 그런 줄은 전혀 몰랐습니다. 그 동안 너무 신세를 졌 습니다. 널리 용서해 주십시오."

이때부터 두 사람의 신드바드는 죽을 때까지 의좋게 지내면서 편안한 삶을 누렸다고 한다.

하늘을 나는 융단

세 사람의 왕자

옛날 인도에 한 임금이 있었다.

임금은 맏아들 후세인, 둘째아들 알리, 그리고 막내아들 아메드라는 세 왕자와 누로니할이라는 아름다운 조카딸을 데리고 살았다.

이 조카딸은 돌아가신 형님의 딸이었다.

임금은 누로니할 공주를 이웃 나라 왕자에게 시집보내려고 마음먹었다. 그것은 그 나라와 특별한 관계를 맺으려는 속셈에서였다.

그러나 임금의 아들인 세 왕자가 모두 이 공주를 좋아하므로, 어떻게 하여야 좋을지 난처하였다. 그래서 임금은 어느 날 세 왕자를 불러 앉히고 말하였다.

"너희들은 지금부터 일년 동안 먼 나라에 다녀오너라. 무엇이든지 값진 보물을 찾아오라는 것이다. 가장 신기한 것을 구해 오는 자에게 누로니할 공주를 주겠다."

세 왕자는 제각기 자기가 제일 값진 보물을 찾아오리라고 다짐하면서 그 자리를 물러나왔다. 그리고는 장사꾼으로 변장을 하고 길을 떠났다.

첫 날은 세 왕자가 같이 길을 걸었다.

해질 무렵, 그들은 세 갈래로 갈라진 곳에 다다랐다. 그 길들은 각각 먼 나라로 이어져 있는 길이었다.

그날 밤, 세 왕자는 아침밥을 먹으면서 같이 다녀도 소용이 없으니 여기서 헤어지자고 의논을 하였다.

"일년 후에 여기서 다시 만나 궁궐로 돌아가자."

이런 약속을 하고, 세 왕자는 서로 성공을 빌며 각각 다른 길로 뿔뿔이 헤어져 길을 떠났다.

맏아들 후세인 왕자는 전에 소문을 들은 바 있는 비너스갈이라는 나라로 향하였다. 다행히 도중에 그곳으로 가는 상인의 무리를 만나 석 달 만에 그 나라의 수도에 도착할 수 있었다.

그곳에는 큰 시장이 있었는데, 각지에서 모인 신기한 물건들로 가득 차 있었다. 즐비하게 선 훌륭한 가게들이 마치 온갖 보물을 숨겨 놓은 듯하였다.

가게 진열장에는 온갖 빛깔의 옷감과 유리·금·은 등으로 만든 그릇과 보석들이 가득하였다.

후세인 왕자는 모든 가게를 오랫동안 구경하였다. 왕자가 몹시 지쳐 어느 가게 앞에서 쉬고 있을 때였다.

"융단을 사시오. 하늘을 나는 융단이 금화로 단 4천 닢입니다."

이렇게 큰 소리로 외치며 지나가는 사나이가 있었다.

후세인 왕자는 사나이를 불러 융단을 보여 달라고 하였다. 그것은 그다지 크지도 않았고, 썩 훌륭한 융단도 아니었다.

"신통치 않군! 그런데 비싸긴 왜 그렇게 비싸지? 정말 하늘을 난다는 말인가?"

후세인 왕자가 말을 건네었다.

"이 융단은 올라앉기만 하면 어디든지 마음대로 날아갈 수 있답니다. 세상에 둘도 없는 신기한 융단이올시다. 그 대신 값은 한 푼도 깎을 수 없습니다."

　사나이는 입에 침이 마르도록 융단 이야기를 하였다.

　만약 그것이 정말이라면 이 융단이야말로 임금에게 가져갈 만하다고 후세인 왕자는 생각하였다.

　"한번 시험해 보고 싶은데, 어떻게 하면 되오?"

　"그거야 쉽지요."

　사나이가 자신만만하게 대답하였다.

　"보아하니 나그네 같은데, 여기서 숙소까지 모셔다 드리겠습니다. 거기서 돈을 치르시면 이 융단을 사시는 게 됩니다."

　사나이는 융단을 펴고 그 위에 후세인 왕자를 태웠다.

　"여관까지 가자."

　사나이가 말하자, 융단은 곧 하늘로 솟아올라 순식간에 후세인 왕자가 묵고 있는 여관까지 날아갔다.

후세인 왕자는 기뻐서 금화 4천 닢을 주었다.

이리하여 후세인 왕자는 임금에게 가져갈 훌륭한 물건을 준비하였다.
이제 돌아가기만 하면 틀림없이 누로니할 공주를 얻게 될 것 같았다.

후세인 왕자는 융단을 타고 비너스갈의 수도에서 단숨에 인도까지 날
아 돌아갔다.

하지만 동생들과의 약속을 지키기 위하여 세 갈래 길에 있는 여관에
서 다 모일 때까지 기다려야만 하였다.

한편, 둘째아들인 알리 왕자는 상인의 무리에 끼여 페르시아로 갔다.

넉 달 만에 페르시아의 수도에 이른 알리 왕자도 역시 시장으로 달려
갔다. 이곳에도 여러 가지 물건을 진열한 가게가 있었다. 알리 왕자가
이리저리 헤매고 있을 때였다.

"자, 요술 망원경이오! 무엇이고 볼 수 있는 요술 망원경! 금화로 4천

낲이오."

한 사나이가 이렇게 외치며 다가왔다. 자세히 보니 상아로 만든 대롱 같은 것을 하나 가지고 있었다.

"상아로 만든 것이 무슨 금화 4천 닢이야?"

이렇게 코방귀를 뀌면서 근처 가게 주인에게 사실인지 물어보았다.

"금화 4천 닢이라 하여도 그 가치는 있을 겁니다. 불러서 한번 구경이나 하시죠."

이렇게 말한 가게 주인은, 그 사나이가 다가오자 슬쩍 떠보았다.

"자네가 그런 상아 따위를 가지고 금화 4천 닢이라고 하니까, 모두들 자네를 미치광이로 생각한다네."

"미치광이인지 아닌지는 이 요술 망원경을 들여다보면 아실 겁니다. 이렇게 해 두면 무엇이든지 보고 싶은 것은 다 보입니다."

그 사나이가 열심히 설명하였다.

알리 왕자는 망원경을 받아 눈에 대고 보았다. 우선 아버지는 지금 무얼 하고 계신지 살펴보았다. 정말 아버지가 왕좌에 앉아 계셨다.

다음엔 두말 할 것도 없이 그리운 공주 누로니할의 모습도 보았다. 공주는 시녀들과 즐거이 이야기를 하고 있는 중이었다.

알리 왕자는 기뻤다.

"이것만 손에 넣으면 공주는 틀림없이 내 아내가 될 것이다. 이렇게 훌륭한 물건은 세계 어느 곳에도 없을 거야."

왕자는 중얼거리며 금화 4천 닢을 주고 그것을 샀다.

그리고 얼마 후 인도에서 온 상인들과 함께 자기 나라로 돌아가게 되었다.

막내아들 아메드 왕자는 사마르칸트라는 나라를 향하여 떠났다. 그 나라의 수도에 이르자, 그 역시 형들과 마찬가지로 바로 시장으로 가

보았다.

한 사나이가 손에 과일을 들고 외치고 있었다.

"요술 사과입니다. 금화로 4천 닢!"

아메드 왕자는 그 사나이를 불렀다.

"사과 하나에 금화 4천 닢이라니, 무슨 소리요? 도대체 어떤 사과인데 값이 그렇게 비싼가?"

"아, 이 사과로 말씀드리면……."

그 사나이가 재빨리 대답하였다.

"겉으로 보기에는 보통 사과이지만, 이건 세상에서 둘도 없는 요술 사과입니다. 어떠한 병에 걸린 사람이더라도 이 사과의 냄새만 맡으면 곧 나을 수 있습니다. 사실인지 아닌지는 이 사람들에게 물어보십시오. 이 사과로 목숨을 건진 사람이 많습니다."

"그 사과는 대체 어디서 가져왔소?"

아메드 왕자가 물었다.

"이것은 나무에 열리는 것이 아닙니다. 이 나라 수도에 살고 있던 훌륭한 학자가 식물이나 광물에 대해 몇십 년이나 연구를 하여 그 좋은 부분만을 모아 만들어 낸 것입니다. 아깝게도 그 학자는 병에 걸렸으나, 미처 이 사과의 냄새를 맡아 보지 못하고 죽었지요. 남은 아들딸들을 기르기 위하여 아주머니가 내다 판 것입니다."

사나이가 사과의 내력을 이야기하였다. 그러는 동안 많은 사람들이 모여들어 저마다 신기한 듯이 요술 사과를 바라보았다.

아메드 왕자도 이건 정말이라고 생각하고 사나이에게 금화 4천 닢을 주었다. 그리고 그 사과를 가지고 형들과 약속한 세 갈래 길에 있는 여관까지 왔다.

두 형은 벌써 와서 기다리고 있었다.

생명의 사과

세 왕자는 서로 자기가 구해 온 보물을 자랑하였다.

"이것은 하늘을 나는 융단이란다. 이것을 타면 가고 싶은 데는 어디든지 날아갈 수 있어."

먼저 후세인 왕자가 말하였다. 그러자 알리 왕자가 말하였다.

"이 요술 망원경은 무엇이든지 보고 싶은 것이 있으면 손에 올려놓은 것같이 훤하게 보여요."

"허, 정말?"

후세인 왕자가 망원경을 받아 들여다보았다. 그러다가 얼굴이 시퍼렇게 질려 가지고 말하였다.

"이거 큰일났구나! 누로니할이 병으로 죽게 생겼어!"

알라 왕자와 아메드 왕자도 망원경을 돌려 가며 들여다보았다.

과연 형의 말은 틀림이 없었다.

"곧 갈 수만 있다면 이 요술 사과로 누로니할 공주를 살릴 수 있겠는데. 이 사과는 사마르칸트 왕국에서 얻은 것으로 냄새만 맡으면 어떠한 병이라도 곧 나을 수 있으니까요."

"그렇다면 빨리 가자."

후세인 왕자가 말하였다.

"이 융단을 타고 가면 된다."

세 왕자는 나란히 융단 위에 앉았다. 후세인 왕자가 입 속으로 중얼거렸다.

"궁궐로! 누로니할 공주가 있는 궁궐로!"

융단은 곧 하늘로 높이 날아올라, 잠시 후 궁궐에 도착하였다.

왕자들은 내리자마자 창문으로 공주의 방을 들여다보았다. 시녀들이 깜짝 놀랐다.

두 왕자들이 까닭을 이야기하는 동안 아메드 왕자가 먼저 공주 옆으로 가서 사과 냄새를 맡게 하였다. 그러자 공주는 눈을 살며시 뜨고 깊은 잠에서 깨어난 듯이 일어나, 왕자들을 보고 반갑게 인사까지 하였다.

"언제들 돌아오셨어요?"

임금도 공주의 병이 회복되었다는 말을 듣고 지체없이 달려왔다.

그리고 세 왕자를 번갈아 바라보며 매우 기뻐하였다. 그리고 세 왕자가 가져온 보물들을 신기하게 바라보았다.

왕자들은 공주의 병을 고치게 된 이야기를 하며, 어느 것이 제일 귀한 것이지 가려 달라고 하였다.

임금은 한참 생각에 잠겼다가 드디어 입을 열었다.

"공주의 병이 완쾌된 것은 아메드의 요술 사과 덕분이다. 그러나 만약 알리가 가져온 요술 망원경이 없었더라면 공주의 병을 몰랐을 것이고, 또한 그것을 알게 되었더라도 후세인의 양탄자가 없었더라면 공주는 이미 저 세상으로 가고 말았을 것이다. 그러므로 누구의 것이 가장 귀한 보물이라고 딱 잘라 말할 수도 없는 일이다. 너희가 이 공주를 차지하려면 다른 방법을 써야 할 것 같구나!"

임금은 이렇게 말하고 또 한참을 생각하였다. 그러다가 뜻밖에도 이런 방법을 말하였다.

"지금부터 활터에 나가 활쏘기 경쟁을 하는 것이 어떻겠느냐? 화살을 제일 멀리 쏘아 보내는 사람이 이기는 것이다."

왕자들은 모두 찬성을 하고 활터로 나갔다.

먼저 후세인 왕자가 활을 쏘았다.

다음으로 알리 왕자가 활을 쏘았는데, 화살은 후세인 왕자의 화살보다 훨씬 멀리 날아갔다.

마지막으로 아메드 왕자가 쏜 화살은 어디로 갔는지 찾을 수조차 없었다. 가장 멀리 날아간 것이었다. 그러나 화살이 없어져서 인정을 받지 못하였다.

임금은 알리 왕자의 승리를 선언하였다. 그래서 알리 왕자는 공주와 결혼을 하게 되었다.

후세인 왕자는 세상을 버리고 승려가 되었다. 아메드 왕자는 혼자 외로이 화살을 찾으러 떠났다.

그러나 아무리 찾아 보아도 화살은 눈에 띄지 않았다. 그래도 아메드 왕자는 꾸준히 찾아 헤매다가 마침내 험한 바위산에 이르렀다. 거기는 활터에서 몇 킬로미터나 떨어진 곳이었다.

바위에 화살 한 개가 떨어져 있는 게 언뜻 눈에 띄었다. 집어 보니 바로 자기가 쏜 화살이었다.

'아무래도 여기에는 무슨 곡절이 있을 거야. 화살이 이렇게까지 멀리 날아가는 일은 일찍이 없었어.'

이렇게 생각한 아메드 왕자는 커다란 바위 사이로 나갔다. 이상하게도 거기에는 쇠로 만든 문이 하나 있었다. 그 문은 잠겨 있지 않았다. 슬쩍 밀어보자, 문은 고리도 없이 열리고 안에는 어두컴컴한 내리막길이 뻗어 있었다.

"대체 이 길은 어디로 통하는 길일까?"

아메드 왕자는 어둠을 헤치고 한 걸음 한 걸음 나아갔다. 그러자 밝은 광장이 나타났다.

그때, 저편으로부터 공주처럼 생긴 아름다운 여인이 시녀를 거느리고 나오는 것이 보였다.

그 뒤로는 으리으리한 궁궐이 솟아 있었다.

바위 속의 궁궐

아름다운 여인은 아메드 왕자가 가까이 오자 방긋 웃으면서 말을 하였다.

"잘 오셨습니다, 아메드 왕자님."

아메드 왕자는 그 여인이 자기의 이름을 알고 있는 것에 대하여 더욱 놀랐다.

"당신은 어떻게 내 이름을 알고 있소?"

아메드 왕자의 물음에 그 여인은 또다시 웃으면서 대답하였다.

"왕자님은 저를 알지 못하지만, 저는 왕자님을 잘 알고 있습니다. 저는 페리파누 공주라고 합니다. 왕자님들의 일을 전부터 잘 알고 있어요. 물론, 하늘을 나는 융단이나 요술 망원경, 그리고 요술 사과의 일도 잘 알고 있습니다. 저는 왕자님이 활쏘기 시합을 할 때도 곁에 가 있었습니다. 왕자님의 화살이 바위산까지 날아오게 한 것도 바로 저입니다. 저는 왕자님이 화살을 찾아 이곳까지 오시기를 기다리고 있었습니다."

아메드 왕자는 이야기를 들으면서 페리파누 공주의 얼굴을 물끄러미 바라보았다.

누로니할 공주보다 더 예쁘고 마음씨도 훨씬 아름답게 보였다.

"당신은 세계에서 가장 예쁜 공주보다도 더 아름답습니다. 나는 당신의 노예가 되어도 좋습니다."

그러자 페리파누 공주가 말하였다.

"왕자님을 이곳에 부른 것은 저의 노예로 삼기 위한 것이 아닙니다. 저의 남편이 되어 달라고 부른 것입니다. 우리나라에서는 아가씨들이 자신이 좋아하는 사람을 선택할 권리가 있습니다. 어떻습니까, 저의

남편이 되어 주시겠습니까?"

아메드 왕자는 뜻밖의 말에 페리파누 공주의 손을 잡고 어쩔 줄 몰랐다.

두 사람은 그 날 밤 결혼식을 올렸다. 며칠 동안 화려한 축하연이 계속되었다.

어느덧 반년이 지났다.

아메드 왕자는 아버지가 뵙고 싶어 페리파누 공주에게 그 뜻을 말하였다.

"내가 없어져 아버지는 슬퍼하고 계실 테니, 한번 찾아가 뵙고 싶은데 어떻소?"

페리파누 공주는 아메드 왕자가 갔다가 돌아오지 않으리라 생각하고 처음에는 거절하였으나, 곧 마음을 돌려 승낙을 하였다.

"그렇게 하세요. 아버님도 무척 기뻐하실 거예요. 그러나 당신이 저와 결혼한 것이나, 이곳에 살고 있다는 것을 누구에게라도 말씀하시면 안 됩니다. 아버님이 물으시면 그저 행복하게 산다고만 말씀하세요."

아메드 왕자는 말을 타고 스무 명의 부하를 거느리고 길을 떠났다. 길은 그다지 멀지 않았으므로 곧 아버지의 궁궐에 도착할 수 있었다.

성 안에 사는 사람들은 아메드 왕자가 반년 만에 돌아오는 것을 보고 모두 손을 흔들어 환영을 하였다. 그러나 누구보다도 기뻐한 사람은 임금이었다.

"그렇게 오랫동안 어디 가 있었느냐? 누로니할 때문에 네가 길을 떠난 것이 아닌가 하고 걱정을 하였단다."

임금이 목멘 소리로 말하였다. 아메드 왕자는 화살을 찾으러 갔다가 길을 잃었지만 아무 고생 없이 잘 지내고 있었다는 이야기를 하였다.

"그 이상의 이야기는 묻지 마십시오. 그 대신 앞으로는 한 달에 한 번 씩 반드시 아버님을 찾아뵙겠습니다."

"그래야지, 나는 너의 명랑한 얼굴을 보아야 살맛이 난다."

임금은 그때서야 흐뭇한 미소를 지었다.

아메드 왕자는 아버지 곁에서 2, 3일 즐거운 시간을 보내고, 페리파 누 공주에게로 돌아갔다.

대신의 밀고

그 후, 한 달에 한 번씩 초승달이 떠오를 때면 아메드 왕자는 으레 아 버지를 찾아갔다.

그런데 하루는 한 대신이 임금에게 아메드 왕자를 모함하는 말을 했 다.

"임금님, 어떻게 생각하실는지 모르겠습니다만, 요즘 한 달 만에 아 메드 왕자의 부하가 부쩍 늘어났습니다. 왕자는 누로니할 공주와 결 혼을 하지 못해 원한을 품고 있습니다. 만약 왕자가 분풀이로 이 나 라를 쳐들어오면 임금님은 어떻게 하시겠습니까?"

"그런 어리석은 말이 어디 있느냐?"

임금은 처음에는 곧이듣지 않았지만, 곧 아메드 왕자를 감시하기 시 작하였다. 임금은 이름 있는 요술 할멈을 불렀다.

"내일 아메드 왕자가 돌아갈 때 그 뒤를 밟아 어디로 가는지 알아보 거라."

다음 날, 요술 할멈은 아침부터 서둘러 아메드 왕자가 화살을 주웠던 바위가 있는 곳까지 미행하였다.

왕자는 수많은 부하를 거느리며 가고 있었다. 그런데 바위 근처에 이르렀을 때 그 많던 사람이 갑자기 그림자도 없이 사라져 버렸다. 그 주위에는 험한 바위가 있을 뿐이었다. 바위틈으로 왕자가 사라졌을 것이라고 생각한 요술 할멈은 임금에게 돌아가 그대로 보고하였다.

"다음에는 더 자세히 보아 주게! 잘만 조사해 주면 다이아몬드를 상으로 주겠다."

임금은 이런 약속을 하였다. 달이 바뀌었다.

요술 할멈은 이번에는 아메드 왕자가 들어가는 곳을 똑똑히 알아 내리라고 생각하고, 미리 바위 있는 곳으로 갔다.

그때 마침 큰 바위가 좌우로 소리 없이 열리고, 쇠문 안으로부터 왕자가 부하들을 거느리고 나오는 것이었다.

요술 할멈은 그것을 보고 곧 길바닥에 쓰러져 끙끙 앓는 시늉을 하였다. 왕자가 말머리를 돌려 곁으로 오자, 요술 할멈은 다 죽어가는 소리로 말하였다.

"물, 물, 물 좀 주시오. 성 안으로 가려고 이곳을 지나가다가 별안간 괴로워 움직일 수가 없게 되었다오."

"그것 참 야단났군!"

왕자는 부하를 시켜 요술 할멈을 궁궐로 옮겨 쉬게 하라고 하였다. 그래서 요술 할멈은 바위 속 궁궐로 들어갈 수 있었다.

왕자한테 이야기를 전해들은 페리파누 공주는 요술 할멈을 옆방에서 푹 쉬게 하였다. 페리파누 공주는 아메드 왕자에게 귀엣말을 하였다.

"저 할멈을 조심하십시오. 병이 들었다고 거짓말로 우리를 속이고 있어요. 무슨 흉계를 꾸밀지 모르지만, 하여튼 당신은 다녀오세요. 제가 잘 알아서 처리하겠어요."

요술 할멈은 옆방의 긴 의자 위에서 쉬고 있다가 시녀들이 가져온 물을 받아 벌컥벌컥 마셨다.

"이것은 라이온의 샘에서 길어온 물로, 이 물을 마시면 어떤 병이라도 곧 낫는답니다."

시녀가 말하였다.

요술 할멈은 안심한 듯이 눈을 감았다. 그러나 잠시 후, 요술 할멈은 돌아갈 준비를 하고 있었다.

"그 물은 정말 좋은 물이군요. 내 병은 다 나았소. 떠나기 전에 공주님께 인사라도 드리게 해 주세요."

시녀가 요술 할멈의 말을 듣고 안으로 안내하였다.

그 방에는 훌륭한 다이아몬드와 루비가 박혀 있는 의자가 있고, 그 위에 아름다운 페리파누 공주가 앉아 있었다.

"이젠 괜찮습니까?"

페라피누 공주가 요술 할멈에게 넌지시 물었다.

"예, 덕분에 다 나았습니다. 정말로 많은 신세를 져서 죄송합니다."

"그럼 돌아가는 길에 이 궁궐 안을 구경하십시오."

페리파누 공주가 권하였다. 시녀들의 안내로 둘러본 방들은 어느 곳이나 눈부시게 화려하였다.

뜰에는 온갖 빛깔의 꽃들이 가득 피어 아름답기 이를 데 없었다. 요술 할멈은 그 아름다움에 취해 버렸다.

문 앞에서 안녕히 돌아가시라는 시녀들의 인사말을 듣고, 요술 할멈은 대여섯 걸음 나왔다. 그러다가 드나드는 문을 자세히 보려고 뒤를 돌아보았다.

그러나 이미 쇠문은 흔적도 없이 사라지고 높은 바위만이 험상궂게 서 있을 뿐이었다. 요술 할멈은 임금에게 자기가 보고 들은 것을 자세히 아뢰었다.

"아메드 왕자님은 마귀의 딸인 페리파누 공주와 결혼하여 바위 안의 궁궐에서 살고 있습니다. 그 궁궐은 어느 임금님의 궁궐과도 비교가 안 될 만큼 훌륭하였습니다. 그리고 보물도 굉장히 많아서 임금님의 나라를 쳐들어오는 것쯤은 문제가 아닐 것으로 생각됩니다."

이 말을 들은 임금은 무척 걱정이 되었다. 생각다 못하여 옆에 있던 대신에게 아메드 왕자를 감옥에 가두는 것이 좋을까, 죽여 버리는 것이 좋을까 하고 물었다.

그러자 요술 할멈이 말하였다.

"왕자님에게는 마귀의 딸이 있으므로 매우 힘드실 겁니다. 그것보다 왕자님에게 할 수 없는 일을 시키는 것이 어떨까요? 이를테면 임금님의 군사가 다 들어갈 수 있는 크기의 천막이면서도, 착착 접으면 손바닥 안에 들어갈 만큼 작아지는 걸 구해 오라고 말입니다. 만약 왕자님이 그것을 구해 오면 그저 덕보는 셈 치고, 그렇지 못할 경우에는 다시는 이 궁궐에 오지 못하도록 하는 것입니다."

"그렇군. 그것이 가장 좋은 방법이야."

임금은 무릎을 탁 쳤다.

손바닥 안에 들어가는 천막

다음 날, 임금은 아메드 왕자를 불러 말하였다.

"내가 너에게 부탁할 것이 있다. 우리 군사가 다 들어갈 수 있는 커다란 천막 하나를 구해 오너라. 접으면 손바닥 안에 들어가는 천막으로 말이다."

아메드 왕자는 임금의 뜻밖의 부탁에 어리둥절하여졌다.

"구할 수 있을지는 모르겠습니다만, 아버님의 소원이시라면 구해 보겠습니다."

아메드 왕자는 이렇게 약속을 하고 걱정스러운 얼굴로 페리파누 공주가 있는 궁궐로 돌아왔다.

페리파누 공주는 아메드 왕자가 여느 때보다 빨리 돌아온 것을 보고 근심스러운 듯이 물었다.

"오늘은 어인 일로 이렇게 일찍 돌아오셨습니까?"

아메드 왕자가 그 까닭을 이야기하자, 페리파누 공주는 이렇게 말하였다.

"거기에는 무슨 나쁜 음모가 있는 것 같습니다. 누군가가 왕자님을 괴롭히려고 임금님을 뒤에서 조종하는 것 같습니다. 그러나 걱정하실 것은 없어요. 그런 천막이라면 곧 구해 드리겠습니다."

잠시 후, 시녀 하나가 보물 창고에서 작은 보자기를 들고 들어왔다.

페리파누 공주가 시녀에게 명령하여 광장에 보자기를 펴도록 하였다. 그것은 아무리 많은 군사라도 얼마든지 들어갈 수 있는 큰 천막이었다.

아메드 왕자는 놀랍기도 하고 한편 기쁘기도 해서 그 다음 날 곧 그것을 임금에게 가져갔다.

임금은 깜짝 놀라면서 기쁜 표정을 감추지 못하였다.

'이런 신기한 것을 가져오는 것을 보니, 대신과 요술 할멈의 말이 옳은 것 같다!'

임금은 또 요술 할멈을 불러 의논을 하였다.

그래서 그 다음 달에 아메드 왕자가 찾아왔을 때, 임금은 이런 분부를 내렸다.

"너의 궁궐에는 어떠한 병에도 잘 듣는 라이온의 샘물이라는 물이 있다고 하는데, 나도 이미 늙었으니 한번 마셔 보았으면 좋겠다."

아메드 왕자는 뭐라고 대답할 바를 몰랐다. 그러나 아버지를 위해서는 무슨 일이 있더라도 그 물을 가져와야겠다고 생각하였다.

아메드 왕자는 곧 페리파누 공주가 있는 궁궐로 돌아왔다. 이번에도 임금의 부탁을 이야기하며 페리파누 공주에게 라이온의 샘물이 어디 있는지 물어봐야만 하였다.

페리파누 공주는 다음과 같이 자세히 일러 주었다.

"이것은 전날 병이 들었다고 온 그 할멈이 알린 게 틀림없습니다. 여기에는 무서운 음모가 숨어 있습니다. 그러나 걱정하지 마세요. 제가 말하는 대로만 하시면 곧 라이온의 샘물을 가져올 수 있습니다. 그 샘은 저기 보이는 성 안에 있습니다. 성 어귀에 네 마리의 사자가 있는데, 두 마리는 잠자고 두 마리는 자지 않고 번갈아 가며 지킨답니다. 그곳을 무사히 통과하는 데는 한 가지 방법이 있습니다. 먼저 이 실뭉치를 가지고 가세요. 그리고 잘 달리는 말 두 마리를 골라, 한 마리는 당신이 타고 한 마리에는 네 덩이로 자른 양고기를 실으세요. 물을 길어 올 병도 마련해야 합니다."

페리파누 공주는 잠시 쉬었다가 말을 이었다.

"이렇게 해서 성 어귀까지 가면 실뭉치를 굴리고 그 뒤를 당신이 따라가세요. 실뭉치가 멈춤과 동시에 사자들이 당신이 온 것을 알아차릴 것입니다. 그러면 두 마리의 사자가 잠자는 사자를 깨울 겁니다. 그때, 양고기를 떼어 던져 주고 성 안으로 들어가세요. 샘에 다다르면 말을 탄 채로 서둘러 물을 길어 가지고 돌아오세요. 사자들은 양고기에 정신이 팔려 있으니까, 돌아오는 길은 문제없습니다."

다음 날 아침, 아메드 왕자는 일찍이 준비를 마치고 길을 떠났다.

과연 성 어귀에는 네 마리의 사자가 있었는데, 두 마리는 잠이 들고, 두 마리는 앉아 있었다. 아메드 왕자는 페리파누 공주의 말대로 양고기를 던져주고 물을 길어왔다.

아메드 왕자는 그 물을 임금에게 갖다 바쳤다.

그러자 임금은 이번에도 기쁜 얼굴로 말하였다.

"왕자는 이번에도 무사히 물을 떠왔구나!"

임금은 아메드 왕자의 용기를 칭찬하였다. 그러나 왕자의 그 엄청난 용기를 생각할 때 걱정이 생겼다. 임금은 다시 요술 할멈을 불러 의논을 하였다.

요술 할멈은 이번이 마지막 기회라고 하며, 임금에게 한 가지 계획을 귀띔해 주었다.

긴 수염의 곱사등이

다음 날 아침, 임금은 또 왕자를 불러 말하였다.

"실은 네게 또 한 가지 부탁이 있다. 이번에 올 때는 키가 1미터, 수염 길이가 10미터인데다가, 무거운 쇠뭉치를 등에 진 곱사등이 사나이를 데려오너라."

왕자는 이 세상에 그런 사람이 있으리라고는 믿어지지 않았다. 그러나 돌아와서 페리파누 공주에게 부탁할 수밖에 없었다.

"그 사람은 바로 제 오빠입니다. 샤이팔이라고 하는데, 먼 나라에 살고 있습니다. 그렇지만 곧 불러오지요. 얼굴이 무섭게 생겼다고 놀리시면 안 됩니다."

피레파누 공주가 미리 일러주었다.

"당신의 오빠라면 아무리 무서운 얼굴을 하고 있더라도 괜찮소. 곧 친해질 수 있을 것이오."

아메드 왕자가 말하였다.

페리파누 공주는 시녀에게 금 향로를 가져오게 하여 주문을 외웠다. 그러자 연기가 구름처럼 뭉게뭉게 피어오르더니 그 속에서 사람이 나타

났다.

"자, 왔어요."

페리파누 공주가 말하였다.

자세히 보니, 키가 1미터쯤 되는 무서운 얼굴을 한 곱사등이 사나이가 등에 큰 쇠뭉치를 지고 마루 위로 내려왔다. 수염은 10미터 이상이나 길었지만, 멋있게 말아 올려 마루에 닿지는 않았다.

"이 사람은 누구냐?"

그 샤이팔이라는 사람이 아메드 왕자를 가리키면서 물었다.

"나의 사랑하는 남편입니다. 아메드라고 해요. 인도 임금님의 아들, 즉 왕자입니다. 결혼식에 모시지 못한 것은 오빠가 멀리 여행을 가셨기 때문입니다."

페리파누 공주가 오빠에게 자세히 이야기를 해 주었다.

샤이팔은 이 말을 듣자, 매서운 눈매가 당장 부드러워지며, 아메드 왕자를 한 번 더 쳐다보더니 페리파누 공주에게 말하였다.

"그래, 나를 부른 이유가 무엇이냐?"

"다름이 아니라, 아메드 왕자님의 아버님이 오빠를 만나고 싶다는 것입니다. 지금 아메드 왕자님과 함께 갔다 오세요."

페리파누 공주가 부탁을 하였다.

"그럼 곧 가 보세."

샤이팔은 흔쾌히 승낙을 하였다.

페리파누 공주는 두 사람이 떠나기에 앞서 요술 할멈의 이야기와 대신의 이야기를 낱낱이 전해 주었다.

샤이팔은 그 말을 듣고 화가 잔뜩 나서 수염을 쓰다듬으며 말하였다.

"그런 나쁜 놈들은 당장 없애 버리고 말 테다!"

두 사람이 궁궐에 도착하니 한창 회의를 하는 중이었다.

샤이팔의 얼굴을 보자, 모두들 두려워 도망치고 임금만 혼자 남게 되었다.

"나를 만나려는 이유가 무엇이오?"

이렇게 말하며 샤이팔은 무거운 쇠뭉치를 번쩍 들어 휘두르려 하였다. 이것을 본 아메드 왕자가 당황하여 소리쳤다.

"성내지 마십시오. 나쁜 놈들은 모두 저기 있습니다."

"그래, 어디냐?"

샤이팔은 궁궐 안을 돌아다니면서 쇠뭉치로 대신과 요술 할멈 등, 임금에게 아부하는 간신들을 모조리 때려눕혔다.

"이런 바보 녀석들만 모여 사는 곳에서는 아메드 왕자를 임금으로 추대하지 않고는 안심할 수가 없다."

임금도 그 말에 동의를 하였다. 그래서 임금은 아메드 왕자에게 왕위를 물려주었다.

"아메드 임금님 만세!"

백성들이 부르는 만세 소리를 듣고, 샤이팔은 만족한 얼굴로 바위 안의 궁궐로 돌아가 페리파누 공주를 데리고 왔다.

이렇게 하여 인도의 새로운 임금이 즉위하게 되었다. 나라에서는 매일 즐거운 축하연이 베풀어졌다. 샤이팔은 자기의 먼 나라로 돌아갔다.

왕이 된 아메드 왕자는 형인 후세인 왕자와 알리 왕자를 불러 각각의 영토를 나누어 주었다.

알리 왕자는 기쁜 마음으로 그것을 받았다. 그러나 승려가 된 후세인 왕자는 시골에서 조용히 살고 싶다고 말하며 영토를 받지 않았다.

그 후, 세 왕자는 덕망 높은 인물이 되어 우애 좋게 잘 살았다고 한다.

알리바바와 40명의 도둑

열려라 참깨, 닫혀라 참깨

아주 오랜 옛날, 페르시아의 어느 마을에 가난한 두 형제가 살고 있었다.

형의 이름은 카심, 동생의 이름은 알리바바라고 하였다.

형인 카심은 부잣집 딸과 결혼하여 커다란 가게의 주인이 되어 부자로 살고 있었다.

그러나 동생인 알리바바는 마을에서도 가장 가난한 집 딸과 결혼하여 고생스럽게 살았다.

알리바바는 날마다 산에 가 나무를 해서 나귀에 싣고 시장에 팔러 다녔다. 그렇게라도 하지 않으면 하루하루의 어려운 살림을 꾸려 나갈 수 없었던 것이다.

그러던 어느 날이었다.

그 날도 알리바바는 여느 때처럼 나귀를 몰고 산으로 들어갔다.

'늦기 전에 어서 서둘러야지.'

알리바바가 울창한 숲 속에서 나무를 하고 있을 때였다. 아득히 먼 저쪽에서 요란한 소리가 들려왔다.

'아니, 저게 무슨 소리일까?'

알리바바는 나뭇가지 사이로 시끄러운 소리가 나는 쪽을 바라보았다.

가만히 보니, 저 멀리 뿌연 먼지를 일으키며 말을 타고 달려오는 수많은 사나이들이 눈에 띄었다.

알리바바는 두려워졌다.

'저건 틀림없는 도둑의 무리다!'

생각이 여기에 미친 알리바바는 급히 숲 깊숙이 세 마리의 나귀를 숨기고 자기는 큰 나무 위로 올라갔다.

알리바바의 몸은 우거진 나뭇잎에 가려 잘 보이지 않았지만 알리바바 자신은 그 나무 밑을 지나가는 사람들을 자세히 살필 수 있었다.

말을 탄 사나이들은 커다란 바위 앞에 이르러 모두 말에서 내렸다. 나무 위에서 내려다보던 알리바바는 사나이들을 세어 보았다.

그들은 모두 40명이었다. 또 그들이 타고 온 말들은 모두 훌륭해 보였고, 하나같이 무장을 단단히 하고 있었다.

알리바바는 들킬까 두려워 숨을 죽이고 그들의 움직임을 지켜보았다.

그들은 나무에 고삐를 매고는 말 등에 실은 큰 자루를 내려서 하나씩 짊어지었다. 무척 무거워 보이는 자루였다.

이윽고 두목 같아 보이는 사나이가 앞장을 서고, 자루를 짊어진 부하들이 그 뒤를 따라 어슬렁어슬렁 바위 가까이로 다가갔다.

앞장선 두목 같은 사나이가 그 바위를 향하여 외쳤다.

"열려라, 참깨!"

그러자, 참으로 이상한 일이 일어났다.

그 크고 육중한 바위가 우레와 같은 소리를 내면서 마치 대문처럼 활짝 열렸다. 놀랍게도 그 안은 큰 굴이었다.

40명의 사나이가 그 안으로 줄줄이 뒤를 이어 들어갔다.

잠시 후, 마지막까지 남아 지켜보던 두목 같은 사나이가 굴 안으로 들어가더니 또 크게 외치는 소리가 들려왔다.

"닫혀라, 참깨!"

그러자 커다란 바위 문이 스르르 닫혔다.

이것을 지켜보던 알리바바는 크게 놀랐다. 알리바바는 두근거리는 가슴을 진정시키면서 계속 지켜보았다.

그랬더니 얼마 후, 우레 같은 소리를 내며 바위 문이 다시 열렸다. 사나이들이 하나 둘 밖으로 나왔다. 마지막으로 나온 두목은 일행이 다 나온 것을 확인하더니 바위를 향하여 또 소리쳤다.

"닫혀라, 참깨!"

바위 문은 다시 닫혔다.

40명의 도둑들은 저마다 말을 탔다. 두목이 앞장서자, 그들은 조금 전에 온 길로 일제히 달려 나갔다.

알리바바는 도둑들이 멀리 사라질 때까지 지켜보았다.

그들의 모습이 완전히 사라지자, 알리바바는 긴 한숨을 쉬며 나무에서 내려왔다.

알리바바는 도둑의 두목이 바위 문을 열었다 닫았다 할 때 한 말을 가만히 중얼거려 보았다.

'한번 시험해 볼까?'

갑자기 용기가 솟았다. 그래서 그는 수풀을 헤치고 나아가 바위 문 앞에 멈추어 섰다.

"열려라, 참깨!"

그랬더니, 바위 문은 조금 전과 마찬가지로 우레와 같은 소리를 내며 활짝 열렸다. 알리바바는 순간 두려움보다는 신기한 느낌이 들었다.

굴 안은 천장 틈으로 빛이 스며들어, 구석구석까지 환하게 볼 수가 있었다.

알리바바는 조심조심 굴 안으로 들어갔다.

거기에는 온갖 식료품과 여러 가지 옷, 상자들이 산더미처럼 쌓여 있었다. 그뿐만이 아니라, 헤아릴 수 없을 만큼 많은 금화와 은화가 눈부시게 반짝이고 있었다.

알리바바는 세 마리의 나귀에 실을 수 있을 만큼의 금화를 잔뜩 모았다. 그리고는 서둘러 그 금화를 거기에 있던 자루에 담아 나귀에 싣고, 남의 눈에 띄지 않게 나뭇가지와 풀로 자루를 덮었다. 급히 굴을 빠져나온 알리바바는 바위 문에 대고 외쳤다.

"닫혀라, 참깨!"

바위 문은 전처럼 굳게 닫혔다.

알리바바는 걸음을 재촉하여 산을 내려왔다.

집에 돌아온 알리바바는 남의 눈에 띄지 않게 세 마리의 나귀를 뒤뜰에 몰아넣고는 문을 닫아 걸었다.

그리고는 나뭇가지와 풀을 벗기고, 자루를 내려 집 안으로 들여놓았다. 이윽고, 알리바바는 아내에게 자루에 든 돈을 꺼내 보였다.

산더미처럼 쌓인 금화 앞에서 알리바바는 아내에게 자기의 모험담을 모두 털어놓았다. 물론 이 비밀을 누구에게도 말해서는 안 된다고 덧붙였다.

아내는 이 행운을 기뻐하면서 금화 하나하나를 세어 보려고 하였다.

알리바바는 아내에게 말하였다.

"당신이 이렇게 많은 돈을 어떻게 셀 수 있겠소? 그런 헛수고는 그만두고 어서 이것을 파묻을 궁리나 합시다. 우물쭈물할 때가 아니오!"

그러자 이 말을 들은 아내가 말하였다.

"그렇지만 얼마쯤 된다는 것은 알아야 되잖아요. 이웃에 가서 저울을 빌려 올 테니, 당신은 구덩이를 파고 계세요. 그 동안에 무게를 달아 두겠어요."

아내는 가까운 곳에 사는 형 카심의 집으로 달려갔다. 카심은 마침 어디로 나가고 없었다.

알리바바의 아내는 카심의 아내에게 잠시 동안만 저울을 빌려 달라고 청하였다. 그러자 카심의 아내가 물었다.

"큰 것을 드릴까요, 작은 것을 드릴까요?"

"작은 것을 주세요."

알리바바의 아내가 대답하자, 카심의 아내는 고개를 갸웃거리며 안으로 들어갔다.

'도대체 무엇을 달아 보려고 저울을 빌려 달라는 것일까?'

궁금하게 여긴 그녀는 저울을 가지고 나오면서 눈치 채지 않게 저울 밑바닥에 꿀을 발라 두었다.

알리바바의 아내는 그런 줄도 모르고 고맙다는 인사를 하고 집으로 돌아왔다.

그녀는 산더미같이 쌓인 금화 앞에 앉아서 열심히 저울질을 하였다. 한편, 뜰에서는 알리바바가 열심히 구덩이를 파고 있었다.

저울질을 마친 아내는 뜰에 나와 알리바바에게 금화의 무게를 알려 주었다.

알리바바가 금화를 구덩이 속에 묻은 뒤, 아내는 카심의 아내에게 저울을 돌려주었다. 그러나 그녀는 엄청난 재산을 갖게 된 기쁨으로 저울 밑바닥에 금화 한 닢이 붙은 줄을 몰랐다.

욕심쟁이 카심

알리바바의 아내가 저울을 돌려주고 돌아간 뒤였다.

카심의 아내는 곧 저울 밑바닥을 살펴보았다. 그러다가 금화 한 닢이 붙어 있는 것을 보고는 깜짝 놀랐다.

카심의 아내는 불현듯 질투심이 치솟았다.

"대체 어찌 된 일이람? 알리바바가 저울질할 정도의 금화를 갖고 있다니! 그 못난 사람이 어떻게 부자가 되었을까?"

이렇게 혼잣말처럼 지껄였다.

그녀는 남편이 집으로 돌아오기를 기다렸다. 그러다 카심이 돌아오자, 대뜸 쏘아붙이듯 말하였다.

"당신은 자기가 제일 부자라고 생각하겠지요? 하지만 알리바바는 당신보다 훨씬 더 부자예요. 돈도 당신처럼 한 닢 한 닢 세는 게 아니라 저울질로 계산을 한답니다."

이 말을 들은 카심은 도무지 무슨 영문인지를 몰랐다.

"대체 그게 무슨 소리요? 어서 자세히 말해 봐요."

카심은 아내에게 그 자세한 사연을 물었다.

아내는 카심에게 저울 밑바닥에 붙어서 온 금화를 보이고, 낮에 있었던 일을 자세하게 이야기해 주었다.

뜻밖에도 동생 알리바바가 큰 부자가 된 것이 카심은 배가 아팠다.

그날 밤 카심은 잠이 오지 않았다. 그래서 새벽녘이 채 되기도 전에 알리바바의 집으로 달려갔다.

그는 동생 알리바바에게 대들듯이 말하였다.

"알리바바, 이 나쁜 녀석 같으니! 가난한 체하면서도 금화를 저울로 달고. 내 아내가 어제 빌려 준 저울 밑바닥에 금화가 붙어 있더군!"

형의 말에 알리바바는 카심과 그의 아내가 자기가 감춘 금화의 비밀을 빤히 알고 있음을 비로소 깨달았다.

알리바바는 이제 숨겨도 소용없다는 것을 알았다. 그는 비밀의 동굴을 발견하게 된 그날의 일을 숨기지 않고 모두 이야기해 주었다.

이야기를 다 듣고 난 카심은 거만하게 말하였다.

"아무튼 그 보물이 있는 굴을 빨리 알고 싶다. 거기에 혼자 들어갈 수 있는 방법도 말이다. 만일 네가 자세히 가르쳐 주지 않으면 관가에 일러바칠 테니 알아서 하거라. 그렇게 되면 너는 이미 가진 것도 모두 날려 버리고 말 것이다. 덕분에 나는 많은 상금을 받게 될 것이고……."

알리바바는 형의 이 말에 굴이 있는 곳과 바위 문을 열 수 있는 방법을 가르쳐 주었다. 그것은 형의 말이 무서워서가 아니라, 원래 마음씨가 착하였기 때문이었다.

카심은 고맙다는 말 한마디 없이 알리바바의 집을 급히 나섰다. 그는 집으로 돌아오면서 어떻게 하든지 그 동굴 속의 보물을 혼자 독차지해야겠다고 결심하였다.

그 이튿날이었다.

카심은 꼭두새벽에 일어났다. 그리고는 열 마리의 나귀 등에 큼직한 상자들을 싣고, 그 동굴이 있는 곳을 향하여 길을 재촉하였다.

그는 그 상자에다가 금은 보석을 가득 싣고 돌아올 작정이었다.

카심은 알리바바가 가르쳐 준 길을 따라 급히 걸어갔다. 이윽고 바위 위에 다다랐다. 동생 알리바바가 숨어 있었다는 나무와 그 바위 문이 눈에 띄었다.

카심은 알리바바에게 들은 대로 곧 소리쳤다.

"열려라, 참깨!"

과연, 눈 깜짝할 사이에 문이 활짝 열렸다.

카심은 회심의 미소를 지으면서 부리나케 굴 안으로 들어갔다.

다시 문이 닫혔다. 카심은 굴 안으로 한 걸음 한 걸음 발을 옮기면서 두루 살펴보았다.

그는 동생한테 들은 것보다 값진 보물이 훨씬 많은 데에 놀랐다. 욕심꾸러기 카심은 그 보물을 죄다 가져가고 싶은 욕심이 치밀어 올랐다.

그렇지만 그가 몰고 온 나귀는 열 마리뿐이었다.

그는 나귀에 실을 수 있을 만큼의 금은 보석만 동굴 입구까지 끌어내었다.

이 욕심꾸러기 카심은 엄청난 돈과 보물이 앞으로 자신의 것이 된다는 데에만 정신이 팔렸다. 그러다가 그는 그만 바위 문을 여는 주문을 잊어버리고 말았다.

"문, 문……, 뭐라고 했더라? 열려라, 보리!"

이런 말을 겨우 얼버무려 보았으나, 바위 문은 꼼짝도 하지 않았다.

카심은 더럭 겁이 났다. 마치 벼락을 얻어맞고 정신이 나간 사람같이 눈앞이 캄캄하였다. 그는 정신을 가다듬고 쌀, 보리, 밀, 조, 콩, 팥 따위 곡식의 이름을 닥치는 대로 붙여 보았다.

그러나 문은 꼼짝도 하지 않았다.

카심은 쩔쩔 매기 시작하였다. 모아 둔 금화 자루도 그냥 팽개쳐 둔 채로 굴 안에서 미친 사람처럼 서성이기 시작하였다.

그러는 동안, 어느덧 대낮이 되었다. 도둑들이 바위 문 앞까지 와 있었다. 카심의 나귀들이 커다란 상자를 등에 싣고 있는 것을 본 도둑들은 깜짝 놀랐다.

그들은 나귀들을 숲 저쪽으로 쫓아 버렸다. 그런 다음 각자 손에 칼을 뽑아들고 바위 문 근처를 에워쌌다. 나귀 임자가 보이지 않자, 두목이 바위를 쏘아보며 주문을 외웠다.

순간, 바위 문이 활짝 열렸다.

동굴 속에서 말 울음소리를 들은 카심은 도둑들이 돌아온 것을 눈치채고, 몸을 바위 문 옆에 바짝 붙였다.

문이 열리기를 기다렸다가 재빨리 뺑소니를 칠 작정이었다. 그때서야 그는 주문이 생각났지만 이미 때는 늦었다. 카심은 간이 콩알만하게 오그라들었다. 그러나 미처 도망칠 새가 없었다.

도둑들은 물샐 틈도 없이 굴 안을 샅샅이 뒤졌다. 카심은 곧 발견되어 여지없이 목을 잘리고 말았다.

그들은 카심이 바위 문 앞까지 갖다 놓은 금은 보석을 자루째 제자리에 옮겨 놓았다. 그러나 그들은 알리바바가 가져간 것은 아직 알지 못하였다. 그들은 모두 굴 안에 모여서 의논을 하였다.

결국, 그들은 카심의 침입을 하나의 풀 수 없는 수수께끼로 돌렸다. 그러나 카심의 침입으로 말미암아 도둑들은 저희들의 재산이 위태로워진 것을 알고 걱정하였다.

그래서 그들은 카심의 시체를 네 토막으로 잘라 문 양쪽에 두 개씩 걸어 놓았다. 또 다른 침입자를 경계하기 위한 조치였다.

그들은 한참 동안 굴 안에서 모든 것을 정리하였다. 그런 다음 말을 타고 비밀의 굴을 떠났다.

카심의 죽음

한편, 카심의 아내는 밤이 깊어도 남편이 돌아오지 않자, 매우 걱정이 되었다.

그녀는 마음을 졸이다 못하여 알리바바의 집으로 찾아갔다.

"우리 집 양반이 아침 일찍 서방님이 가르쳐 준 곳으로 갔는데 아직 돌아오지 않아서 걱정이에요. 그곳으로 가서 좀 알아봐 주세요."

마음씨 착한 알리바바는 형수를 위로하였다.

"너무 걱정하지 마십시오. 형님은 남의 눈에 띄지 않았을 겁니다. 밤이 깊으면 돌아오시겠지요."

그렇게 말은 하였지만, 알리바바도 속으로는 무척 걱정이 되었다. 안절부절못하며 밤을 새운 알리바바는 먼동이 트기가 무섭게 세 마리의 나귀를 몰고 동굴이 있는 곳으로 갔다.

그 커다란 바위 문 가까이 가 보았지만 카심의 나귀는 한 마리도 찾을 수 없었다.

'카심 형에게 무슨 일이 일어났구나!'

알리바바는 길게 한숨을 내쉬었다.

이윽고 바위 문 앞으로 다가선 알리바바는 소스라치게 놀랐다. 땅에 피가 뿌려져 있었기 때문이었다.

알리바바는 불안하고 궁금해졌다. 그는 이유를 알고 싶어서 우선 바위 문을 열기 위하여 주문을 외웠다.

문이 스르르 열렸다. 그때, 제일 먼저 문 양쪽에 걸려 있는 형의 시체가 눈에 띄었다. 순간, 소름이 쫙 끼치고 몸이 오싹해졌다. 알리바바는 재빨리 형의 시체를 한 나귀에 싣고 나뭇가지로 가렸다.

나머지 두 마리의 나귀에는 금화을 넣은 자루를 싣고 역시 나무로 덮었다. 주문으로 바위 문을 닫은 알리바바는 근처 숲 속에 숨어서 시간을 보내다가 밤 늦게서야 집으로 돌아왔다.

알리바바는 금은 보석을 실은 두 마리의 나귀를 자기 집 작은 뜰에 맨 후, 아내에게 그 자루를 내리도록 하였다. 그리고는 남은 한 마리의 나귀를 몰고 형의 집으로 갔다.

알리바바는 카심의 하녀인 모르자나를 가만히 불렀다. 모르자나는 매우 영리하고 활발한 여자였다.

알리바바는 이 하녀에게 형이 도둑에게 죽은 이유를 잘 설명해 주었다. 그리고 나서 이렇게 의논을 하였다.

"카심 형님이 도둑의 칼에 잘려 죽었다는 소문이 나면 틀림없이 도둑의 귀에까지 들어갈 거야. 그렇게 되면 우리까지 죽이려 들 것이 분명해. 무슨 좋은 방법이 없을까?"

그러자 모르자나가 말하였다.

"그건, 제게 맡겨 주십시오."

"그럼, 잘 부탁한다."

알리바바는 형수의 방으로 들어가 사정을 말하였다. 카심의 아내는 알리바바의 말을 듣고는 울음을 터뜨렸다.

"아아, 카심. 당신이 죽다니……."

알리바바는 오늘 있었던 일을 남김없이 털어놓고, 카심의 시체를 훔쳐 온 이야기를 힘주어 말하였다.

"참 안됐습니다. 사람이란 누구나 한 번은 죽는다는 것을 생각하고 이 일은 잊어 주십시오. 앞으로 제가 힘닿는 데까지 형수님을 도와 드리겠습니다. 너무 슬퍼하지 마십시오."

카심의 아내는 울음을 참으며 고맙다는 인사를 하였다.

알리바바 부부는 두 집을 걱정스레 왔다갔다하였다.

밤이 되자 카심의 아내와 모르자나는 울기 시작하였다.

이튿날 아침, 모르자나는 근처의 약국으로 달려가서 매우 근심스러운 표정을 지으면서 말하였다.

"우리 집 주인께서 병으로 고통을 받고 있습니다. 무엇이든 잘 듣는 약이 있으면 주세요."

모르자나는 며칠 동안 똑같은 핑계를 대고 약방을 찾아가 계속해서 약을 사왔다.

그러자 이웃 사람들 사이에 카심이 중병에 걸렸다는 소문이 차차 퍼졌다. 그리고 며칠 후, 카심이 죽었다는 말이 나돌았다.

그러나 아무도 이상하게 생각하지 않았다.

어느 날, 아침 일찍 일어난 모르자나는 잘 알고 지내는 구둣방 노인 무스타파를 찾아갔다. 모르자나는 먼저 인사를 하고 금화 한 닢을 주었다. 그러고 나서 말하였다.

"무스타파 씨, 신을 깁는 도구를 갖고 저와 함께 가 주시지 않으시렵니까? 그런데 한 가지 불편한 점은 도중에서 당신은 수건으로 눈을 가리고 가야만 하는 겁니다."

"뭐, 뭐라고? 아니, 나를 못 믿어서 그러나?"

"아닙니다. 절대로 그런 게 아닙니다. 만일 그렇다면 벌을 받겠습니다."

모르자나는 웃어 보이며 슬그머니 금화 한 닢을 더 쥐어 주었다.

"자, 같이 가 주시기만 하면 됩니다. 걱정하실 것 없습니다."

모르자나는 무스타파 노인의 손을 잡아 끌었다.

무스타파는 모르자나를 따라갔다. 얼마쯤 왔을 때, 모르자나는 무스타파의 눈을 손수건으로 가리고 집으로 왔다.

집에 들어서자, 모르자나는 눈을 가린 수건을 풀어 주고 말하였다.

"무스타파 씨, 이 시체를 하나하나 붙여 얼른 꿰매어 주십시오. 그러면 금화 한 닢을 또 드리겠습니다."

무스타파는 모르자나가 시키는 대로 일을 하였다.

무스타파가 일을 끝마치자, 모르자나는 다시 그의 눈을 가리고 약속한 대로 금화 한 닢을 손에 쥐어 주었다.

모르자나는 처음 눈을 가렸던 곳까지 와서 수건을 풀어 주고 무스타파와 헤어졌다.

모르자나는 노인이 사라질 때까지 그 자리에 서서 지켜보았다. 혹시나 길을 알면 어쩌나 해서였다.

다음 날, 모르자나는 시체를 물로 씻은 뒤 향수를 뿌리고 옷을 입혔다. 그리고는 알리바바와 함께 시체를 관에 넣었다.

장례식 날, 이웃에 사는 사람들이 상가를 찾아왔다. 네 사람이 관을 짊어지고 무덤으로 향하였다.

알리바바도 이웃 사람들과 함께 그 뒤를 따라갔다.

모르자나는 맨 뒤에서 안타깝게 몸부림을 치면서 따라갔다.

카심의 아내는 집에 머물러 있었다. 찾아온 손님들이 위로해 주었지만 계속 발버둥치며 울어 대었다.

모르자나 덕으로 아무 일 없이 장례를 치를 수 있었다.

모두들 카심이 병으로 죽은 줄 알았지, 처참한 죽음을 당한 줄은 몰랐다. 아니, 알려고도 하지 않았다.

모르자나의 꾀

40명의 도둑들은 카심을 죽인 뒤, 얼마 동안은 그곳에 살지 않았다.

얼마 후, 도둑들이 돌아왔다. 그런데 와 보니 카심의 시체가 없어졌다. 그뿐만이 아니었다. 금은 보석도 조금 줄었다는 사실을 알았다.

두목은 의심이 많은 사람이었다. 그는 부하들에게 명령을 내렸다.

"필경 이곳이 누군가에게 발각된 것이다. 앞으로 경계하지 않으면 우리 모두 망한다. 우리 선조들이 모진 고생을 다해 모아 놓은 이 재산을 하나 둘 잃는다는 것은 큰 수치다. 우리의 비밀을 아는 놈이 어딘가에 숨어 있다. 시체가 없어지고 재산이 줄어들고, 이것만 보아도 알수 있다! 이번 사건으로 미루어 보아 우리의 비밀을 알고 있는 놈은 두 놈일 것이다. 그 이상으로는 여겨지지 않는다. 그 중의 한 놈은 죽었으니까, 이제 남은 한 놈을 놓쳐서는 안 된다. 알겠나?"

그 놈이 살아 있는 한 끝까지 찾아내자고 모두들 들썩거렸다. 죽기를 각오하고 나서는 사람도 있었다.

한 부하가 장사꾼으로 변장하여 밤이 이슥해졌을 때 굴을 떠났다. 먼저 장터로 들어갈 생각이었다. 그러나 막상 장터에 왔을 때는 가게 문들이 모두 닫혀 있었다. 다만 무스타파의 구둣방만이 열려 있었다.

마침 무스타파는 의자에 앉아서 일을 하고 있었다.

도둑은 무스타파에게 다가가 공손히 인사를 하고 말을 걸었다.

"영감님, 이렇게 늦은 시간까지 일을 하시다니 참으로 부지런하십니다. 나이 드셨는데도 눈이 밝으신 모양이군요. 바늘구멍이 잘 보이지도 않을 것 같은데요."

그러자 무스타파는 대뜸 대답하였다.

"하하, 당신 내가 어떤 사람인 줄 아시오? 비록 이렇게 늙었지만, 내이 두 눈은 신기할 정도로 밝다오. 요 얼마 전만 해도 나는 이보다 더어두컴컴한 데서 토막난 시체를 근사하게 꿰맸단 말이오."

도둑은 그 말에 옳다구나, 하며 속으로 좋아하였다. 사건의 실마리를 생각보다 쉽게 잡을 수 있었기 때문이었다.

도둑은 일부러 천연스럽게 물었다.

"허, 그래요? 그 이야기 한번 듣고 싶군요."

"미안합니다. 바빠서……."

도둑은 금화 한 닢을 꺼내어 무스타파의 손에 슬쩍 쥐어 주며 다그치듯 물었다.

"나는 아무 비밀도 캐고 싶지 않습니다. 다만 그 시체를 꿰맨 집이나, 거기로 가는 길만 가르쳐 주시면 됩니다."

무스타파는 금화를 만지작거리면서 자신이 없는 투로 말하였다.

"글쎄요, 가르쳐 드리고 싶은 마음은 간절하오만, 그것만은 도저히

안 되겠소."

"왜 그러십니까?"

"이유가 있어요. 어떤 분에게 부탁을 받았는데, 그 사람은 나를 중간쯤 데리고 가다가 내 눈을 가린 다음 그 집으로 안내했으니까요. 그러니 가르쳐 드리고 싶어도 통 종잡을 수가 없소이다."

"그렇지만 아무리 눈을 가렸다 하더라도 따라간 길을 모른다는 것이 말이 됩니까? 저의 소원이니 부탁합니다. 당신의 눈을 가린 데까지 가서 제가 눈을 가려 드릴 테니까, 전날 걷던 길을 다시 한 번만 걸어 보십시오. 자, 여기 돈이 있습니다."

두 닢의 금화를 받은 무스타파에게는 가난이 죄였다. 그는 지갑 속에 깊숙이 돈을 집어넣고, 도둑에게 고개를 끄덕거려 보였다.

"하는 데까지 해 봅시다."

드디어 무스타파는 도둑의 꾀에 넘어갔다. 그는 도둑을 데리고 모르자나가 눈을 가린 곳까지 갔다.

"여깁니다. 그때 나는 이쪽을 향해 서 있었지요."

무스타파는 눈을 가리고 나서 이렇게 설명하였다.

그는 기억을 더듬어 얼마쯤 걸었다. 그러다가 주춤주춤 걸음을 멈추었다. 바로 알리바바가 주인이 되어 사는 카심의 집 앞이었다.

도둑은 그 집 대문에 표시를 해 두고, 무스타파의 가린 눈을 풀어 주었다.

"이 집이 누구의 집입니까?"

"글쎄요, 이 근처에 살지 않아서 잘 모르겠는데요."

도둑은 무스타파에게 더 자세히 캐물었다.

그러나 이렇다 할 사실을 더 알아내지 못하고 다시 굴로 돌아갔다.

도둑과 무스타파가 간 지 얼마 안 있어 바깥에 나온 모르자나는 도둑이 대문에 그려 놓은 표시를 보고 고개를 갸웃거렸다.

'무슨 뜻일까? 누가 주인에게 원한을 품은 것일까? 어쨌든 나쁜 일이 일어날지 모른다. 조심해야지.'

모르자나는 자기 집과 나란히 서 있는 여러 집에다가 똑같은 표시를 해 두었다. 그러나 알리바바 부부는 아무것도 눈치채지 못하였다.

굴 안으로 돌아온 도둑은 동료들에게 사건의 실마리를 잡은 일을 자랑스럽게 말하였다. 도둑들은 이 기쁜 소식을 듣고 춤을 추었다. 두목도 칭찬을 아끼지 않았다.

그는 부하들에게 말하였다.

"모두 이러고 있을 때가 아니다. 무장하고 출발하자. 누구에게도 의심받지 않도록 조심해라. 지금부터 뿔뿔이 흩어져 마을로 들어가자. 그리고 광장에 모여 두 길로 갈라져서 표시해 놓은 집을 찾자."

40명의 도둑은 제각기 편을 짜고 아무도 모르게 그 마을로 들어갔다.

표시를 해 둔 도둑과 두목이 마지막으로 따라 나섰다. 이윽고 도둑이 표시해 둔 집까지 왔다. 그러나 이 집 저 집에 똑같은 표시가 있어서 어리둥절하지 않을 수 없었다.

두목은 화가 나서 표시한 부하 도둑에게 어찌 된 일이냐고 다그쳐 물었다.

"두목님, 이상합니다. 단 한 집에 표시했는데요."

도둑은 자기가 한 표시조차 가려내지 못하였다. 무스타파 노인이 멈추어 섰던 집 앞조차 아리송하였다.

실패한 것을 깨달은 두목은 광장으로 되돌아가 이 사실을 부하들에게 알리고, 다시 굴 안으로 모일 것을 명령하였다.

모두들 올 때와 마찬가지로 남의 눈에 띄지 않게 뿔뿔이 흩어져 굴 안으로 되돌아갔다.

화가 머리끝까지 치민 두목은 집을 안내한 부하를 용서하지 않고 사형에 처하였다. 그렇다고 이 굴 안에 드나든 원수를 단념할 수는 없었다. 더구나 그들을 찾아내지 못한다면 자기들이 위험하다는 것을 생각하니, 두렵기조차 하였다.

참다 못한 또 한 사람의 도둑이 스스로 정탐꾼 노릇을 하겠다고 나섰다. 이번에는 반드시 성공하고 돌아오겠다고 말하면서 그는 그 굴을 나섰다.

이 사나이도 먼저 방법대로 무스타파 노인을 꾀었다.

눈을 가리고 알리바바의 집까지 왔다. 이번에는 사람의 눈에 잘 띄지 않는 곳에다 표시를 하였다.

그렇지만 영악한 모르자나는 또다시 그것을 발견하고 먼젓번처럼 하였다. 그 이상한 표시가 주인에게 해로울 것 같았기 때문이었다.

두 번째의 정탐꾼이 돌아와 두목에게 보고를 하였다.

"아주 조심해서 아무도 모르는 곳에 표시를 해두었으니, 절대로 실패하지 않을 것입니다."

모두들 이젠 됐다고 좋아하였다. 도둑들은 밤중에 마을로 살금살금 내려왔다.

두 번째의 정탐꾼과 두목은 알리바바의 집까지 왔다. 그러나 이번에도 한 집만이 아니고 여러 집에 모두 똑같은 표시가 그려져 있었다.

두목은 버럭 화를 내었다. 정탐꾼은 얼굴이 새파랗게 질렸다. 도둑들은 또다시 굴 안으로 되돌아왔다. 이번에도 정탐꾼으로 나섰던 도둑은 두목의 칼에 쓰러졌다.

용기있는 부하를 둘이나 죽이고 만 두목은 곰곰이 생각해 보았다.

굴 안에 침입한 사람의 집을 찾아 내려면 앞으로도 이런 식으로 많은 부하가 죽음을 당할 것 같았다.

두목은 그 집을 찾는 것을 부하들에게 맡길 수 없다고 생각하였다. 그래서 자기가 직접 구둣방 노인 무스타파의 도움을 받아 알리바바의 집 문 앞까지 왔다.

이번에는 대문에 표시해 두는 미련한 짓을 하지 않고, 집 모양을 충분히 머릿속에 그려 가지고 돌아왔다.

두목은 자기를 기다리던 부하들에게 둘러싸여 큰 소리로 말하였다.

"모두들 안심하라! 우리를 골탕먹인 그 놈의 집 모양을 자세히 외워 왔다. 이번에는 그 누구도 우리의 일을 방해할 수 없을 것이다. 돌아오는 길에 원수를 갚는 방법도 궁리해 봤는데, 기가 막히게 좋은 방법이 떠올랐다."

두목은 부하들에게 그 방법을 자세하게 설명하였다.

먼저, 이웃 마을에서 19마리의 당나귀와 38개의 커다란 가죽 독을 구하여 오라고 하였다. 그 중의 독 하나에는 기름을 가득 담고, 나머지는 모두 그냥 가져오라고 일렀다.

2, 3일이 지났다. 도둑들은 당나귀와 독을 구하여 왔다. 두목은 독 하나하나에 완전히 무장한 부하들을 한 사람씩 들어가게 하였다. 그런 다음, 독의 주둥이를 가죽 뚜껑으로 덮고 간신히 숨만 쉬도록 구멍을 뚫어 두었다.

두목은 사람들의 눈을 속이기 위하여 가죽 뚜껑마다 기름을 발랐다. 준비는 다 되었다.

19마리의 당나귀는 37명의 도둑이 들어 있는 독과 기름이 들어 있는 한 개의 독을 싣고, 두목에게 끌려서 길을 떠났다.

저녁때가 다 되어 마을로 들어온 두목은 당나귀를 몰고 알리바바의 집으로 갔다. 문을 두드려 주인이 나오면, 좀 쉬어 가게 해 달라고 할 참이었다.

그때 마침, 알리바바는 뜰에 나와 바람을 쐬고 있었다.

두목은 당나귀를 세운 다음 알리바바에게 다가가 인사를 하고, 이렇게 청하였다.

"내일 장에 갖다 팔려고 멀리서 기름을 싣고 온 사람입니다. 날은 점점 어두워지고 어디서 밤을 새워야 할지 막막하군요. 하룻밤 신세를 질까 하는데 들어주시겠습니까? 그 은혜는 잊지 않겠습니다."

알리바바는 동굴에서 도둑의 두목을 보았고 목소리도 들었다. 그러나 기름 장수로 변장한 그를 알아볼 수가 없었다.

인정 많은 알리바바는 딱하게 생각하고 그의 청을 들어주었다. 짐을 부린 19마리의 당나귀를 마구간에 매게 하고 여물까지 주었다.

뿐만 아니라, 손님으로 가장한 두목에게 모르자나를 시켜서 저녁까지 대접하였다. 저녁을 먹은 두목은 독의 주둥이를 풀고 부하들에게 가만히 명령하였다.

"내가 한밤중에 돌을 던져 신호하면, 곧 그 속에서 뛰어나와야 한다. 나도 너희와 함께 행동할 것이다. 내가 지휘하는 대로 해야 한다. 알았지?"

이윽고 두목은 모르자나를 따라 침실로 안내되었다. 두목은 언제든지 뛰어나갈 수 있도록 옷을 입은 채로 이불 속으로 들어갔다.

아무것도 모르는 모르자나는 벌써부터 내일 아침식사를 준비하느라고 분주하였다.

그런데 그때, 램프에 기름이 떨어져 불이 꺼지고 말았다. 집에는 기름도 초도 없었다. 모르자나가 어떡하나 하고 걱정하고 있을 때, 함께 있는 하녀가 말하였다.

"모르자나, 그렇게 좋은 생각이 안 나니? 뜰에 있는 독에서 기름을 조금 따라 오면 될 거 아니야? 그 독의 기름은 퍽 좋은 것 같은

데……."

모르자나는 그때서야 생각이 나서 기름병을 들고 뜰로 나갔다. 첫째 독 곁에 이르렀을 때, 모르자나는 이상한 소리를 듣고 깜짝 놀랐다.

"두목님, 나가도 좋습니까?"

그 속에 분명히 사람이 들어 있다는 것을 알아채었다. 그렇지만 모르자나는 섣불리 고함을 치지 않고 침착하게 대답하였다.

"아니야, 조금 더 기다려!"

모르자나는 독 안에서 차례차례 묻는 말에 이같이 대답하였다. 그러다가 맨 마지막 독에 기름이 있다는 것을 알아내었다.

모르자나는 이 독 안에 들어 있는 것이 모두 도둑들이라는 것과, 기름 장수로 변장한 사나이가 두목이라는 것을 알았다.

모르자나의 눈은 매섭게 빛났다. 떨리는 가슴을 안고 불을 켠 다음,

큰 솥을 들고 나가 기름이 든 독에서 기름을 따라 가지고 와서 끓였다. 그리고는 펄펄 끓는 기름을 독마다 찾아 다니며 들이부었다. 모르자나의 꾀로 도둑들은 소리도 지르지 못하고 죽었다.

모르자나는 집 안의 불을 끄고, 부엌에서 창밖으로 뜰을 내다보았다. 꼭 무슨 일이 일어날 것만 같아서 잠을 이룰 수가 없었다.

잠시 후, 두목이 일어나서 창을 열고 두리번거렸다.

온 집안은 쥐 죽은 듯이 조용하였다. 두목은 준비해 두었던 돌을 던져 신호를 하였다. 그러나 어찌 된 일인지 아무런 기척이 없었다.

또 돌을 던졌지만 여전했다. 세 번째도 마찬가지였다.

두목은 매우 불안하였다. 부하들이 아무런 대답도 없을 리가 없었다. 이상하게 생각한 두목은 독 속을 들여다보다가 깜짝 놀랐다. 놀랍게도 부하가 죽어 있었던 것이다. 다른 독을 열어 보니 모두 마찬가지였다.

두목은 자신의 계획이 모두 실패로 돌아갔음을 깨닫고 뒷문으로 빠져나와 죽을 힘을 다하여 도망쳐 버렸다.

모르자나는 그 모습을 보고 나서야 겨우 안도의 한숨을 내쉬었다. 하마터면 주인은 물론, 집안 식구가 다 죽을 뻔하였다. 겨우 목숨을 건진 것이 꿈만 같았다.

이튿날 아침이었다. 알리바바는 간밤에 집에서 무슨 일이 일어났는지를 전혀 모르고 있었다.

기름 독도 그대로 있었고, 기름 장수는 보이지 않았는데, 그는 당나귀를 몰고 간 것 같지도 않았다. 이상하게 생각한 알리바바가 하녀에게 물어보았다.

모르자나는 공손하게 대답하였다.

"오, 주인님! 당신과 당신 집안을 신께서 구해 주셨습니다. 이것을 보시면 곧 아실 수 있을 겁니다."

모르자나는 대문을 단단히 닫아 걸고 주인을 뒤뜰로 안내하였다. 모르자나는 첫 번째 독 앞에서 멈추어 섰다.

"이 속에 무엇이 들었는지 보십시오."

"아니, 이건 사람이 아니냐?"

알리바바는 놀라서 눈이 휘둥그레졌다.

"사람이 아니라 도둑입니다. 이젠 하나도 무서워하실 것 없습니다. 다 죽었으니까요."

"도대체 어찌 된 일이냐?"

"조심하세요. 이웃 사람들이 알면 큰일납니다. 이 일은 비밀로 해 두셔야 합니다. 저를 따라오시면서 다른 독들을 모두 보아 주세요."

알리바바는 독들을 하나씩 두루 살펴보았다. 그럴 때마다 온몸에 소름이 돋았다.

알리바바는 정신을 가다듬고 모르자나에게 물었다.

"기름 장수는 어떻게 되었지?"

"기름 장수요? 주인님은 그 사람이 누군지 모르십니까? 방에 가서 천천히 말씀드리지요."

모르자나는 방에 들어와 자기가 한 일을 하나도 빠짐없이 이야기하였다. 집의 대문에 표시를 해 두었던 일부터, 도둑들을 모두 죽인 일과 두목이 도망친 일까지 자세히 설명해 주었다.

모르자나의 훌륭한 용기와 지혜를 알게 된 알리바바는 감동을 하여 말하였다.

"정말 네 말처럼, 신께서 그 무서운 도둑들의 손아귀로부터 나를 구해 주셨구나! 그리고 너는 내 생명의 은인이다. 그 은혜를 조금이나마 보답하는 뜻에서 너에게 자유를 줄 테다. 네 소원대로 하거라."

"고맙습니다. 그러나 저는 주인님 곁에서 살고 싶습니다."

알리바바는 집에서 훨씬 멀리 떨어진, 큰 나무들이 무성하게 자라 있는 곳에다가 기다란 구덩이를 팠다. 그리고는 죽은 37명의 도둑들의 시체를 묻었다.

무기와 독은 감추어 두고, 필요없는 당나귀는 노예들을 시켜 시장에다 내다 팔았다.

옷감 장사하는 도둑의 두목

알리바바가 이런 일을 하는 동안, 굴로 돌아온 두목은 억울해서 견딜 수가 없었다. 아무도 없는 굴이 점점 무서워지기 시작하였다.

그러나 부하들의 원수를 갚겠다는 마음은 변하지 않았다. 알리바바를 기어이 죽여 버려야겠다는 두목의 결심은 날로 굳어져 갔다.

두목은 다시 마을로 내려왔다. 그는 굴 안에서 여러 가지 옷감을 가지고 나와 하숙집에서 머물며 옷감 장수로 변장을 하였다.

그는 옷감 팔 가게를 하나 빌렸다. 죽은 카심의 가게와 마주 보는 곳이었다.

두목은 이름을 호샤 후세인이라고 바꾸었다. 카심의 아들, 즉 알리바바의 조카는 이웃에 살게 된 호샤 후세인과 매우 가까워졌다.

도둑의 두목이 가게를 연 지 2, 3일이 지난 어느 날이었다. 알리바바는 조카의 가게에 들렀다.

먼 발치에서 그를 본 도둑 두목은 그 사람이 곧 알리바바임을 알아차렸다.

그 날 이후, 호샤 후세인은 알리바바의 조카를 자주 찾아가서 선물도 주고, 때로는 자기 가게에 청하여 맛있는 음식도 대접하였다.

둘은 더욱 친해졌다. 하지만, 딴마음을 품은 두목은 항상 기회가 오기만을 기다리고 있었다.

알리바바의 조카는 호샤 후세인을 한 번 초대하여야겠다고 단단히 마음을 먹었다. 그러나 가게가 너무 초라하여 걱정만 하다가, 어느 날 숙부 알리바바에게 이런 사실을 말하였다.

알리바바는 기뻐하면서, 그렇다면 자기 집으로 청하라고 일렀다.

"그러면 네가 호샤 후세인 씨를 청하여 우리 집으로 모셔라. 나는 모르자나를 시켜서 맛있는 음식을 마련해 두겠다."

알리바바의 이 말에 조카는 마음이 흡족하였다.

다음 날, 알리바바의 조카는 호샤 후세인과 함께 산책을 하기 위하여 가게를 나섰다.

그는 돌아오는 길에 호샤 후세인을 데리고 알리바바의 집에 이르러 대문을 두드렸다. 알리바바의 조카가 호샤 후세인에게 말하였다.

"이 집은 제 숙부의 집입니다. 숙부는 당신의 따뜻한 인정을 칭찬하시며 모셔오라고 하셨습니다. 이왕 오셨으니 들어가십시다."

드디어 알리바바가 나왔다. 그는 얼굴에 웃음을 가득 띠고 호샤 후세인을 정중하게 맞이하였다.

알리바바는 요즘 조카가 많은 신세를 져서 미안하다는 말을 하고, 세상 물정을 잘 모르는 철부지이므로 아무쪼록 계속 돌봐 달라고 부탁을 하였다. 호샤 후세인은 조카가 아주 예의 바르다고 칭찬을 하였다.

호샤 후세인이 돌아갈 듯이 일어서자, 알리바바는 재빨리 이렇게 권하였다.

"천천히 놀다가 가십시오. 그리고 오늘은 꼭 저하고 만찬을 같이 해 주시기 바랍니다."

호샤 후세인은 사양하는 척하였다.

"주인님의 정성은 고맙습니다만, 저는 소금이 든 음식을 먹지 못합니다. 죄송합니다."

"그거라면 문제 없습니다. 저의 집 빵에는 소금이 들어 있지 않습니다. 다른 음식에도 소금을 넣지 말라고 이르겠습니다. 오늘 저녁에는 꼭 저와 만찬을 나누어 주십시오. 그럼, 안에 좀 다녀오겠습니다."

알리바바는 곧 모르자나에게로 가서 오늘 음식에는 소금을 넣지 말라고 단단히 일렀다.

그러자 모르자나가 물었다.

"대체 어떤 사람입니까? 음식에 소금이 안 들어가면 무슨 맛이 있어요? 꽤 까다로운 사람이군요."

알리바바는 모르자나를 달래며 말하였다.

"그렇게 화내지 말아라, 모르자나. 그분은 참 좋은 사람이야. 전에 숨어 들어왔던 도둑 같지는 않다. 잘해 봐."

모르자나는 소금을 넣지 않은 음식이라야 먹겠다는 사람이 어떻게 생겼는지, 그 얼굴을 한번 보고 싶었다.

　모르자나는 꾹 참고 있다가 하녀가 밥상을 들고 갈 때 자기도 접시를 들고 가서 호샤 후세인의 얼굴을 훔쳐보았다. 순간, 그녀는 깜짝 놀랐다. 그 사람은 바로 도둑의 두목이었다. 또한 놀랍게도 옷 속에 비수를 품은 것이 보였다.

　그러나 모르자나는 시치미를 떼고 식탁에 과일을 올린 다음 알리바바 앞에 술잔을 나란히 놓고 나왔다.

　호샤 후세인은 속으로 웃었다.

　'술을 잔뜩 멱여 곤드레가 되면 흐흐흐……. 이 칼로 원수놈의 가슴팍을 푹 찌르는 거다. 그런 다음 차례차례로 해치워야지!'

　두목은 금방 일이 다 된 것같이 기뻐하였다.

　그때, 모르자나가 공작의 깃처럼 아름다운 옷을 입고 춤을 추러 들어왔다. 노래가 흘러나오자 모르자나는 춤을 추기 시작하였다. 날렵하고 훌륭한 칼춤이었다. 잔물결처럼 어깨를 너울거리며 멋들어지게 춤을 추었다.

　알리바바가 금화를 던져 주었다. 그러자, 그의 조카도 금화 한 닢을 던져 주었다.

　그때, 모르자나가 호샤 후세인 곁으로 빙글빙글 돌며 다가갔다. 두목은 좋아서 어쩔 줄을 몰랐다.

　자기도 금화를 주어야겠다고 생각하였는지, 그는 앞가슴을 헤치고 지갑을 꺼내려 더듬거렸다.

　이때였다. 모르자나는 재빠르게 호샤 후세인의 가슴을 비수로 찔렀다.

　알리바바와 그의 조카는 이 광경에 깜짝 놀라 크게 소리쳤다.

"이게 무슨 짓이냐? 나와 이 집안을 망칠 작정이냐?"

모르자나는 고개를 저었다.

"목숨을 건져 드렸을 따름입니다. 이것을 보세요."

그는 쓰러져 있는 호샤 후세인의 옷을 풀어헤쳤다. 그러자 그 안에서 시퍼런 비수가 번쩍 빛났다.

"주인님은 손님이 아니라 원수를 청한 것입니다. 이 놈의 얼굴을 보십시오. 저 변장한 기름 장수도, 40명의 도둑 두목도 바로 이 사람입니다."

알리바바는 그때서야 모르자나 덕분에 몇 번씩이나 목숨을 건진 것을 알았다. 그는 모르자나의 손을 잡고 이렇게 말하였다.

"모르자나, 나는 너에게 자유를 주겠다고 약속했다. 또한 때가 오면 언젠가는 은혜에 보답하려고 하였다. 지금이 바로 그때다. 나는 너를 조카의 아내로 삼겠다."

그리고는 조카에게 일렀다.

"네 뜻을 묻지도 않고 모르자나와 결혼을 약속한 걸 용서하여라. 그렇지만 우리가 이 여자의 은혜를 입고도 가만히 있을 수 없지 않느냐? 나를 구해 준, 그리고 우리 집안을 구해 준 은인과 결혼하게 되는 거야."

알리바바의 조카는 아무런 반대 없이 알리바바의 뜻을 받아들였다. 며칠 후, 알리바바의 조카는 모르자나와 성대한 결혼식을 올렸다.

알리바바는 한 해 동안 그 도둑들이 있었던 굴에 가보지 않았다. 그러던 어느 날, 그 보물이 있는 굴 안에 가 보고 싶어 참을 수가 없었다.

알리바바는 말을 타고 그 굴 앞에 다다랐다. 말을 나무에 매어 놓고 바위 문 앞에 다가섰다.

"열려라, 참깨!"

그러자 문이 스르르 열렸다.

알리바바는 그 굴 안으로 들어갔다. 그는 여기저기 자세히 살펴보았다. 두목이 가게에 진열하기 위하여 옷감을 가져간 뒤로는 아무도 온 것 같지 않았다.

동굴의 비밀을 아는 도둑들은 이제 다 죽었다. 그러므로 이 바위 문을 여는 비밀을 아는 사람은 오직 알리바바 한 사람뿐이었다. 또 이 엄청난 보물이 모두 자기의 것이라는 것을 깨달았다.

알리바바는 말에 실을 수 있을 만큼의 금화 자루를 가득 싣고 마을로 돌아왔다.

그 후, 몇 년이 지났다.

이번에는 조카를 굴 안으로 데리고 갔다. 거기서 알리바바는 바위 문을 열고 닫는 방법을 처음으로 알려 주었다.

그의 조카는 이 엄청난 재산을 낭비하지 않고 알뜰하게 썼다. 그래서 알리바바의 집안은 돈 많은 부자가 되었으며, 오래오래 행복하게 살았다.

항아리 속의 마귀

솔로몬 왕의 항아리

옛날에 아내와 많은 아들딸들을 거느리고 가난하게 살아가고 있는 늙은 어부가 있었다.

어부는 날마다 바닷가에 나가 고기를 잡았다.

그날도 바닷속에 그물을 던진 후, 한참 만에 그물을 거두기 위하여 힘껏 잡아당겼다. 그런데 그물이 잘 끌려오지 않았다.

'큰 고기가 걸렸나 보다!'

어부는 이렇게 생각하고, 그물을 이리저리 요령 있게 말아 올렸다. 그러나 그물에 걸린 것은 큰 고기가 아니라 나귀의 시체였다.

"쳇!"

어부는 혀를 찼다. 기대가 어긋나 버리자 어부는 몹시 실망하였다.

어부는 다시 그물을 던졌다. 그리고 슬슬 끌어올렸다. 이번에 올라온 것은 사기그릇뿐이었다.

"오, 알라신이여! 이번에는 꼭 커다란 고기를 낚도록 해 주십시오."

어부는 한 번 더 그물을 힘껏 던졌다가 당겨 보았으나, 그물은 조금 전처럼 잘 올라오지 않았다. 이제야말로 큰 물고기가 걸린 것 같았다.

어부는 물 속으로 덤벙덤벙 들어가 그물을 끌어올렸다. 걸려든 것은 누르스름한 빛깔을 띤, 호리병박 모양의 커다란 구리 항아리였다.

항아리 뚜껑에 솔로몬 왕의 이름이 새겨져 있었다.

'이걸 시장에 갖다 팔면 돈을 많이 받을지도 모른다.'

이렇게 생각한 어부는 항아리를 한 번 흔들어 보고 싶었다. 그러나 항아리는 매우 무거웠다.

'안을 조사 해 보자. 혹시 금화라도 들어 있는지 누가 알아?'

어부는 항아리를 거꾸로 들고 흔들어 보았다. 그러나 아무것도 나오지 않았다. 이상하다고 생각하고 있는데, 항아리 속에서 연기가 뭉게뭉게 피어올랐다.

어부는 깜짝 놀랐다.

새까만 연기가 하늘 높이 올라가자 곧 커다란 마귀로 변하였다.

어부는 질겁을 하고, 허리도 펴지 못한 채 어쩔 줄 몰라 쩔쩔매었다.

마귀의 키는 하늘을 찌를 듯하였고, 입은 큰 동굴 같았다. 다리는 나무 기둥만큼 굵었다.

어부는 정신나간 사람처럼 맥없이 떨었다.

"부디 목숨만 살려 주십시오."

어부는 모래사장에 머리를 처박고 손을 싹싹 비비면서 애걸을 하였다.

"요놈, 이제야 겨우 나를 항아리 속에서 빼내 줘? 좋아, 그 보답으로 나는 너를 죽여야겠다!"

마귀가 무섭게 부르짖었다.

"어쨌든 당신을 바닷속에서 구하여 준 것은 제가 아닙니까? 그런데 왜 저를 죽이려고 하십니까?"

어부가 떨리는 목소리로 말하였다.

"굳이 그 이유를 알고 싶다면 이야기하지. 나는 지금으로부터 수백 년 전에 음모를 꾸몄던 마귀다. 그 죄로 솔로몬 왕 앞에 끌려나와 이 항아리 속에 갇히게 되었다. 내가 항아리 속에서 빠져나오지 못한 것은 항아리 뚜껑에 새겨진 솔로몬 왕의 이름 때문이야. 나는 항아리 속에서, 백 년 안에 나를 구해 주는 사람이 있다면 부자로 만들어 주겠노라고 맹세하였다. 그리고 백 년을 기다렸다. 그렇지만 아무도 나를 구해 주지 않았다. 나는 또 백 년을 기다렸다. 그러나 헛수고였다. 그래서 나는 처음의 맹세를 뒤엎어 버리기로 작정한 것이다. 나는 이렇게 몇백 년을 기다렸다. 그래서 너를 죽이지 않으면 안 된다."

어부는 이제는 살아날 수 없는 목숨이라고 단념하였다. 그런데 문득 한 가지 꾀가 떠올랐다.

"그러면 마지막으로 저의 소원 하나만 들어 주시겠습니까?"

"뭐냐? 말해 봐라."

"도무지 믿어지지 않습니다. 이토록 작은 항아리 속에 당신이 어떻게 들어갔다는 말입니까?"

"흥, 너는 믿을 수 없겠지."

"저뿐만이 아닙니다. 솔로몬 왕이라도 당신의 그런 재주를 믿을 수 없을 것입니다."

위대한 솔로몬 왕의 이름을 듣자, 마귀는 조금 기가 죽었다.

"그럼, 잘 봐라."

드디어 마귀는 몸을 흔들더니 검은 연기가 되고, 그 연기는 차차 가늘어지면서 항아리 속으로 빨려 들어갔다.

아름다운 네 마리의 물고기

연기가 모두 항아리 속으로 들어가자, 어부는 기다렸다는 듯이 곧 뚜껑을 닫아 버렸다.

"이봐, 검은 마귀야. 이번에는 내가 네 소원을 들어줄까?"

어부는 항아리에다 대고 말하였다.

마귀는 항아리 속에서 몸부림쳤으나, 솔로몬 왕의 이름이 찍힌 뚜껑을 열 수는 없었다.

마귀는 어부한테 속아서 다시 갇힌 것이 원통하였으나 어쩔 수가 없었다.

"어부님, 아까는 당신을 잠시 놀렸을 뿐입니다."

마귀는 공손하게 말하고 항아리 속에서 무릎을 꿇었다.

"거짓말 마라! 네 녀석을 그냥 바닷속에 처넣어 버릴 테다."

어부는 고개를 절레절레 흔들며 항아리를 들고 파도가 밀리는 기슭으로 갔다.

항아리 속의 마귀는 당황하여 소리쳤다.

"어부님, 한 번만 용서해 주십시오. 나를 다시 항아리 속에서 빼내 주신다면 당신을 금방 부자가 되게 해 드리겠습니다. 맹세합니다."

"너 같은 놈의 말은 안 믿는다. 바다에 집어넣을 테니까, 아무 소리도 하지 말아라."

그러자 항아리 속의 마귀는 또다시 애걸하였다.

"아닙니다. 결코 거짓말이 아닙니다. 당신을 틀림없이 부자로 만들어 드리겠습니다."

어부는 가엾은 생각이 들어서 말하였다.

"만일 거짓말을 한다면 알라 신의 벌을 받게 될 것이다."

그러고 나서, 항아리 뚜껑을 열어 주었다. 전과 마찬가지로 항아리 속에서 검은 연기가 솟아오르더니, 드디어 그 속에서 무서운 마귀가 나타났다.

마귀는 앞에 쓰러져 있는 항아리를 발길로 걷어차 바닷속에 처넣어 버렸다.

어부는 무서운 생각이 들었다.

'아차, 또 속았구나!'

그러나 부들부들 떨면서도 침착하게 말하였다.

"너는 분명 나를 부자로 만들어 주겠다고 약속했다. 약속을 지키지 않으면 벌을 받을 것이다."

무서운 마귀는 어부를 보고 껄껄 웃었다.

"걱정 마라. 잠자코 내 뒤를 따라오기나 해!"

마귀는 커다란 발을 성큼성큼 옮겨 놓으며 앞장서서 걸어갔다. 어부는 할 수 없이 그 뒤를 쫓아갔다.

둘은 서울의 성문 밖으로 나가 기름진 농토를 지나서 거친 들판에 다다랐다.

그 들판 가운데에는 사방이 산으로 둘러싸인 호수가 있었다. 마귀는 그 호수 안에 들어가 큰 소리로 외쳤다.

"여기서 물고기를 잡아라."

어부는 물 속을 살펴보았다. 흰 빛깔, 붉은 빛깔, 푸른 빛깔, 노란 빛깔의 물고기들이 떠다니고 있었다.

어부는 재빨리 그물을 던졌다. 그는 각각 다른 색깔을 띤 네 마리의 물고기를 잡았다.

"그 물고기를 임금님에게 갖다 바쳐라. 그러면 너를 칭찬하고 상을 줄 것이다. 내가 너에게 해 줄 것은 이것뿐이다. 한 가지 주의할 것은, 이 호수에서는 하루에 한 번 이상 물고기를 잡아서는 안 된다."

마귀는 이렇게 말하고, 한 발로 땅을 쿵쿵 굴렀다. 그러자 땅이 두 쪽으로 갈라지더니, 마귀는 그 속으로 쑥 들어가 버렸다.

벽에서 나온 검둥이

어부는 급히 집으로 돌아와 어항에 네 마리의 물고기를 넣었다.

물고기들은 어항 속에서 좋아라 하고 헤엄치며 놀았다.

어부는 곧 어항을 가지고 임금에게 갔다.

임금은 눈부실 정도로 아름다운 물고기를 보자 무척 신기해하며, 기뻐하였다.

"여태껏 이런 물고기는 본 적이 없다. 곧 요리사에게 일러 맛있는 요리를 만들어라."

임금은 대신에게 명하였다.

잠시 후, 어부는 임금으로부터 상으로 많은 돈을 받아 가지고 집으로 돌아왔다.

요리사는 이상한 네 마리의 물고기를 깨끗이 씻어 프라이팬에 넣고 기름에 튀겼다.

이때였다. 부엌 벽이 두 쪽으로 갈라지면서 젊은 여자가 나타났다. 그 여자는 아름다운 옷을 입고 보석 귀걸이에 금팔찌를 끼고 있었다.

그 여자는 손에 쥐고 있던 지팡이를 갑자기 프라이팬 속에 집어넣고 두세 번 물었다.

"물고기들아, 너희는 약속을 잘 지키느냐?"

그러자 물고기들은 고개를 쳐들고 대답하였다.

"예, 예. 잘 지키고 있습니다."

이 말을 듣고, 아름다운 여자는 곧 프라이팬을 거꾸로 뒤집고는 벽 속으로 사라져 버렸다.

벽은 흠이 하나도 없이 전처럼 멀쩡하였다.

그 동안 요리사는 부엌 구석에 숨어 놀란 망아지처럼 눈을 동그랗게 뜨고 보고 있었다.

여자가 사라진 후 프라이팬의 물고기를 담으려 하자, 물고기들은 새까맣게 타 있었다. 요리사는 대신에게 달려가 방금 일어난 이야기를 빠짐없이 말하였다.

"음, 이상한 일도 있군. 그러면 그 어부를 불러서 물고기를 더 잡아오라고 일러라."

대신은 어부를 불러오도록 명하였다. 어부가 오자 대신은 말하였다.

"아까 가져온 물고기와 똑같은 물고기를 더 잡아 오너라."

대신의 말을 들은 어부는, 다음 날 호수로 가서 또 네 마리의 물고기를 잡아 왔다. 대신은 요리사에게 물고기를 넘겨 주고 함께 부엌으로 갔다.

"이번에는 나도 함께 보겠다."

대신은 구석에 숨어서 볼 참이었다. 요리사가 프라이팬에다 고기를 튀기고 있자, 젊은 여자가 벽에서 나와 물고기에게 똑같은 말을 물었다.

대신은 놀라서 임금에게 아뢰었다.

"이상한 일이로다, 나도 한번 봐야겠다."

임금은 어부에게 또 물고기를 잡아 오라고 일렀다.

"어서 물고기를 구워 보아라."

임금도 부엌 구석에 숨어서 보았다. 요리사는 프라이팬을 가져다가 고기를 튀기기 시작하였다. 그러자 또 벽이 두 쪽으로 갈라지더니, 이번에는 여자가 나오는 게 아니라 뜻밖에도 무서운 얼굴을 한 검둥이가 나왔다.

검둥이는 나뭇가지로 프라이팬을 두드리며 큰 소리로 물었다.

"물고기들아, 너희는 약속을 지키고 있느냐?"

그러자 물고기들이 고개를 쳐들고 대답하였다.

"예, 예. 지키고 있습니다."

그러자 검둥이는 프라이팬을 엎어 버리고 벽 속으로 사라져 버렸다. 물고기는 전처럼 새까맣게 타 있었다.

"음, 참 이상한 일도 다 있다. 신기한 물고기와 벽에서 나온 검둥이는 정말 수수께끼 같은 일이다. 이 수수께끼를 꼭 풀고 말 테다."

임금은 굳게 결심하였다.

사람 없는 궁궐

임금은 어부를 불러 물었다.

"너는 어디서 그런 물고기를 잡아 왔느냐?"

"예, 성 밖 저쪽 네 개의 산으로 둘러싸인 호수에서 잡아 왔습니다."

어부가 대답하였다.

"그럼, 그곳으로 나를 인도하거라."

임금이 명령하였다. 어부는 항아리에서 나온 마귀 때문에 이제 큰 변을 당할 것 같아 걱정하면서, 임금과 신하들을 그곳으로 안내하였다.

이윽고 호수에 다다랐다. 물 속에는 흰 빛깔, 붉은 빛깔, 푸른 빛깔, 노란 빛깔의 물고기들이 노닐고 있었다.

"경들도 이 호수를 알고 있는가?"

임금이 신하들에게 물었다.

신하들은 지금까지 이런 곳에 호수가 있는 것을 알지 못하였다고 아뢰었다.

"참 이상한 일이로다. 그럼 지금부터 나 혼자 조사해 볼 테니, 경들은 물러가 있으시오."

이렇게 말하고 임금은 신하들을 전부 궁궐로 돌려보낸 후, 칼을 차고 혼자 오솔길을 걸어 산 속으로 들어갔다.

이틀째가 되던 날이었다. 멀리서 무엇인가 검은 것이 어른거렸다.

"앗, 저게 뭐야? 잘하면 그 물고기와 호수의 비밀을 알게 될지도 모른다."

이렇게 중얼거리던 임금은 한 달음에 가까이 가 보았다. 그것은 시커면 돌로 만든 훌륭한 건물이었다. 문은 열려 있었지만, 임금은 바로 들어가지 않고 문을 두드렸다. 그러나 아무도 나오는 사람은 없었다.

"여보시오, 나그네가 왔소이다."

임금은 큰 소리로 불렀다.

그러나 역시 아무런 기척도 없었다. 임금은 기다리다 못하여 궁궐로 들어갔다.

창에는 아름다운 커튼이 드리워져 있었으며, 뜰에는 금으로 만든 사자가 입에서 물줄기를 뿜어내고 있었다.

또한 금으로 된 새장 안에서는 온갖 새들이 지저귀고 있었다. 그러나 사람이라고는 한 사람도 살고 있는 것 같지 않았다.

"별일이군, 이렇게 훌륭한 궁궐에 사람이 없다니……."

임금이 머리를 갸웃거리고 있을 때, 어디선지 슬픈 노랫소리가 들려왔다.

처음에는 섬뜩한 생각이 들어 멈칫하였으나, 곧 용기를 내어 소리가 나는 곳으로 찾아 들어갔다. 그 소리는 아주 훌륭해 보이는 청년이 머리에 보석이 달린 터번을 두르고 침대에 앉아 부르는 노랫소리였다.

임금은 그에게 가까이 가서 공손히 인사를 하였다.

"훌륭한 손님에게는 서서 인사를 드리는 게 예의이지만, 이렇게 앉아 있는 무례를 용서하십시오."

청년이 말하였다.

"아닙니다. 실은 저쪽에 있는 호수와 네 가지 빛깔을 띤 물고기의 비밀을 알기 위하여 왔습니다."

임금의 말을 듣고, 청년은 갑자기 눈물을 흘렸다. 어리둥절해진 임금이 청년에게 물었다.

"무슨 일로 눈물을 흘리십니까?"

"이렇게 불쌍한 사람을 울리려고 오셨군요."

청년은 되묻듯이 말하고 이불자락을 젖혀 보였다. 불쌍하게도 그의 하반신은 차가운 돌로 되어 있었다.

임금은 그것을 보고 청년이 가엾어서 잠시 아무 말도 하지 못하고 있다가, 천천히 입을 열었다.

"참 안됐습니다. 대체 어떻게 해서 이렇게 되었는지 알려 주십시오."

"예, 말씀드리겠습니다."

청년은 자기가 겪은 무서운 이야기를 들려주었다.

요술에 걸린 왕자

아버지는 네 개의 섬으로 이루어진 나라의 임금으로, '검은 섬의 임금'이라고 불렸습니다. 백성들도 부지런하여 평화로운 세월을 보내고 있었습니다. 나도 결혼을 하여 행복하게 살고 있었습니다.

어느 날의 일이었습니다. 나는 의자에 앉아 꾸벅꾸벅 졸고 있었습니다. 부채질을 해 주던 시녀 둘이 이런 이야기를 주고받았습니다.

"왕자님의 부인은, 왕자님이 매일 밤에 마시는 술에 잠자는 약을 살짝 넣어. 그래서 왕자님이 잠들기를 기다려 그 틈에 어디론지 나갔다가 날이 샐 무렵에야 살며시 돌아오신다."

"그걸 왕자님은 조금도 눈치채지 못하는 모양이지?"

나는 이 말을 듣자, 아내에 대한 분노로 가슴이 확 타올랐습니다.

'밤이 되면 아내가 어디로 가는지 오늘 밤에 뒤따라 가 봐야겠다.'

나는 이렇게 별렀습니다.

그날 밤, 나는 아내가 가져온 술을 마시는 체하며 슬쩍 쏟아 버렸습니다. 그리고는 침대에 드러누워 쿨쿨 자는 시늉을 하였습니다. 아내는 한밤중에 일어나 궁궐을 빠져나갔습니다. 나는 칼을 차고 발소리를 죽여가며 그 뒤를 따랐습니다.

얼마 후, 성문 앞에 이르자 아내는 무엇인지 주문을 외는 것 같았습니다. 그러자 문이 저절로 열렸습니다.

아내는 성문을 지나 어느 숲 속으로 들어갔습니다. 거기에는 조그만 움막집이 있었습니다. 아내는 그 앞에서 멈추었습니다.

"오빠, 저예요."

이렇게 말하자, 안에서 한 사나이가 나왔습니다. 해골처럼 야윈 검둥이였습니다.

"가져온 것이 있으면 내놓아라. 배고파 죽겠다. 이 바보야!"

검둥이는 욕설을 퍼부으며 아내가 바치는 것을 빼앗듯이 받아들었습니다. 아내는 마치 종처럼 허리를 굽실거렸습니다. 검둥이는 아내가 가져온 것을 가지고 안으로 들어가, 짐승처럼 정신없이 먹어 댔습니다.

아내는 이처럼 매일 밤 궁궐에서 고기와 술을 가져갔던 것입니다. 그뿐만이 아니었습니다. 움막집의 틈으로 들여다보니까 검둥이가 아내에게 다그쳐 묻고 있었습니다.

"오늘은 무얼 훔쳐왔니?"

아내는 품속에서 무엇인가 꺼내었습니다.

그것은 궁궐에 있던 목걸이였으며, 세상에서 보기 드문 귀한 보석으로 만들어진 값진 것이었습니다.

"흥, 이것뿐이야?"

검둥이는 못마땅해하며 계속해서 거칠게 물었습니다.

"그 어린 왕자놈은 아직도 죽지 않고 있니?"

"예, 오빠. 하지만 안심하세요. 나의 꾀와 약으로 왕자는 점점 쇠약해지고 있어요."

아내는 쩔쩔매며 말하였습니다.

나는 아내가 요술쟁이인 것을 깨닫고, 아내가 몹시 미웠습니다. 그러나 그런 아내보다도, 아내를 시켜 궁궐의 보물을 훔치고 나를 죽이려 하는 검둥이가 훨씬 더 미웠습니다.

나는 움막집 안으로 쏜살같이 들어가 칼로 검둥이를 찔러 버렸습니다. 검둥이가 신음소리를 내며 쓰러지는 것을 보고, 나는 재빨리 움막집을 나와 궁궐로 돌아왔습니다.

이튿날 아침, 나는 눈을 떴습니다. 아내는 검은 옷을 입고 슬피 울고 있었습니다.

"부모님과 또 한 분의 오빠도 전쟁터에서 죽었다는 소식이 왔습니다. 나는 슬퍼서 누구와도 말을 하고 싶지 않아요."

아내는 몸부림을 쳤습니다. 나는 이런 거짓말을 하는 아내가 미워서 견딜 수가 없었습니다. 그러나 꾹 참았습니다.

"당신 마음대로 하시구려!"

나는 시치미를 떼고 말하였습니다.

며칠이 지났습니다.

"궁궐의 뜰에 무덤을 마련하고 싶습니다."

아내가 내 눈치를 살피면서 말하였습니다.

"당신 마음대로 하시오."

나는 또 이렇게 대답하였습니다.

아내는 뜰 한편에 지붕이 둥근 집을 짓고, 그것을 '슬픔의 집'이라고 불렀습니다. 그리고 늘 거기서 살았습니다. 아내는 검둥이를 데려와 함께 살고 있는 것입니다.

그 검둥이는 내 칼에 찔렸지만, 죽지는 않고 큰 상처만 입었던 모양입니다. 그러나 쇠약해서 말도 못하고, 언제 죽을지 모르는 형편이었습니다. 아내는 날마다 검둥이한테 먹을 것을 갖다 주었습니다.

얼마 동안은 모른 척하였지만, 더 이상 참을 수가 없어서, 나는 슬픔의 집으로 가서 아내를 꾸짖었습니다.

"이제 그만 슬퍼할 수 없겠소?"

아내는 무서운 얼굴을 하고 거친 목소리로 덤벼들었습니다.

"나를 이렇게 슬프게 만든 게 누군데요?"

이 말에 나는 벌컥 화가 나서 칼을 뽑았습니다.

"음, 이제 나를 죽이려 드는군요. 마음대로 해 봐요! 그러나 내 요술로 당신 몸의 반은 돌이 될 거예요. 돌이 되어라!"

아내는 미친 듯이 소리쳤습니다.

그 순간부터 내 몸의 하반신은 돌이 된 것입니다.

아내는 계속해서 요술의 힘으로 네 개의 섬을 산으로 만들고, 이 나라의 임금인 아버지를 죽이고, 백성들을 물고기로 만들어 버렸습니다. 그 후 아내는 매일 이곳으로 나를 찾아와 혹독한 매질을 한답니다.

악한 두 사람

요술에 걸린 왕자는 겨우 말을 마쳤다.

"기막힌 이야기군요. 그럼, 그 여자 요술쟁이는 지금 어디에서 살고 있나요?"

임금이 물었다.

"그 여자는 이 궁궐의 가장 구석방에 있습니다. 아침해가 떠오르면 여길 찾아옵니다. 나를 실컷 때리고 나서야 검둥이한테로 돌아가지요."

"알겠소. 내가 무슨 수를 써서라도 당신을 꼭 구해 드리고야 말겠소." 임금은 왕자를 위로해 주었다.

이튿날 아침, 임금은 먼동이 트기 전에 궁궐 한구석에 있는 슬픔의 집으로 갔다.

임금은 들어가자마자 단칼에 여자 요술쟁이 오빠인 검둥이를 찔러 죽이고, 그 시체를 가져다가 뜰에 있는 샘 속에 처넣었다.

그런 다음, 검둥이가 자던 방으로 가서 그가 덮고 있던 이불을 덮어쓰고 자고 있는 체하였다.

얼마 후 날이 환하게 밝았다.

이윽고 사람의 발자국 소리가 들려왔다. 왕자를 때리고 돌아온 여자 요술쟁이였다.

"아, 불쌍한 오빠! 말도 할 수 없을 정도로 약해져서 어떻게 해요? 어디 단 한 번만이라도 이야기 좀 해봐요."

여자 요술쟁이가 애원을 하였다. 임금은 병자처럼 가느다란 목소리로 검둥이 흉내를 내었다.

"나쁜 것! 너 같은 것하고는 말도 하기 싫다."

"어머나, 이제 말씀을 하시는군요. 그 놈한테 상처를 입은 후 처음 입을 열었어요."

요술쟁이 여자는 기뻐서 어쩔 줄을 몰랐다.

"내가 지금까지 너와 말하지 않은 이유를 말해 줄까? 네가 그 놈의 몸을 반이나 돌로 바꾸어 놓고 매질을 하니까, 그 놈이 밤마다 꿈에 나타나잖아. 그래서 나는 곧 죽게 될 거야."

"그럼 그 요술을 풀어 버려야겠군요."

"음, 그래. 그럼 내 병도 곧 나을 거다."

요술쟁이 여자는 그 길로 당장 왕자에게로 갔다. 그리고는 병에 물을 가득 담아 가지고 주문을 외웠다. 병의 물은 불이 되어 타올랐다. 요술쟁이 여자는 그 물을 돌이 되어 있는 왕자의 몸에 뿌렸다.

왕자는 몸을 부들부들 떨더니 곧 일어났다. 요술쟁이 여자는 왕자에게 명령하듯이 쏘아붙였다.

"당장 이 궁궐을 나가라. 되돌아오는 날이면 이번에는 죽여 버릴 테다!"

왕자는 여자가 하라는 대로 궁궐 밖으로 나갔다.

요술쟁이 여자는 슬픔의 집으로 돌아와 웃으면서 말하였다.

"요술을 풀었어요"

"이 바보야, 그것으로 끝났다고 생각해? 너는 이 나라의 임금을 죽이고 이곳 사람들을 죄다 물고기로 변하게 하고, 거리를 호수로 만들지 않았느냐? 그들도 나를 저주하고 있어. 그래서 병이 점점 더 심해지는 거야."

"그렇다면 그 요술도 풀어야지요."

요술쟁이 여자는 다시 호수로 가서, 호수의 물을 손바닥에 담아 가지고 주문을 외웠다. 그러자 모든 것이 본래의 모습으로 되돌아왔다.

호수가 있던 곳은 화려한 도시가 되고, 검은 섬의 임금도 다시 살아났으며, 네 가지 빛깔의 물고기는 백성들로 변하였다.

요술쟁이 여자는 또다시 슬픔의 집으로 뛰어왔다.

"오빠, 이제는 완전히 요술을 풀어 버렸어요."

"그럼, 이제 나는 일어날지도 모른다. 내 손을 잡아 다오."

검둥이 흉내를 내는 임금의 말에 속은 요술쟁이 여자는 이불을 들추려고 하였다. 순간, 임금이 감추어 두었던 칼을 휘둘러 요술쟁이를 찔러 죽였다.

마귀의 약속

이렇게 두 사람의 악한을 찔러 죽인 임금은 곧 궁궐로 돌아왔다.

궁궐에는 많은 신하와 요리사들이 정답게 지내고 있었다. 그들은 모두 요술로 인하여 물고기가 되었다가 사람으로 되돌아온 것이었다.

검은 섬의 임금과 젊은 왕자도 찾아와 마음속에서 우러나오는 감사의 인사를 올리며 말하였다.

"제발 부탁입니다. 이곳에 언제까지나 머물러 주십시오."

그러나 임금은 싱글벙글 웃으며 말하였다.

"말씀은 고마우나, 나는 지금 내 나라로 돌아가지 않으면 안 됩니다."

"당장이라고 말씀하셨지만, 거기까지 가시려면 시일이 얼마나 걸리는지 아시나요?"

"이틀 반이면 가지요."

"아닙니다. 여기에 오실 때 이틀 반 걸렸던 것은, 이 나라가 요술에 걸려 있었기 때문입니다. 사실은 1년이나 걸린답니다."

이 말에 임금은 깜짝 놀랐다. 그러나 곧 임금의 긴 여행을 위한 준비가 시작되었다. 임금은 그 나라의 많은 신하들의 보호를 받으며, 귀한 선물을 받아 가지고 자기 나라로 돌아왔다.

오랫동안 임금이 돌아오기를 기다리던 백성들은 무척 기뻐하였다. 드디어 대신들이 임금을 환영하는 인사를 하러 모여들었다.

임금은 그들에게 네 가지 빛깔의 물고기와 호수에 대하여 이야기해 주었다.

"이로써 검은 섬 나라의 임금을 구하게 되었으니, 나는 기쁘기 한량 없도다. 그것도 모두 그 어부의 덕이다. 그 어부를 데리고 오너라."

임금이 대신에게 분부를 내렸다.

어부는 곧 궁궐로 불려왔다. 임금은 그에게 많은 보물을 상으로 주었다.

작은 항아리 속에 몇백 년이나 갇혀 있던 마귀를 구해 준 어부는 마귀의 약속대로 부자가 되었으며, 아내와 아들딸들과 행복하게 살았다.

작품 알아보기
(장편문학)

〈아라비안 나이트〉는 아라비아, 이집트, 인도, 페르시아 등 여러 나라의 민담과 설화로 이루어진 이야기 모음집이다. 전체가 하나의 커다란 틀 속에 들어 있는데, 이야기의 시작은 페르시아의 샤리에르 왕에서부터 시작한다.

샤리에르 왕은 아내가 자신을 배신했다는 것을 알게 되자 그녀를 죽인다. 여자에 대한 증오에 사로잡힌 샤리에르 왕은 매일 밤 새로운 여자와 결혼하지만 다음 날 아침이면 죽여 버린다. 이런 끔직한 일이 계속되자 신하와 백성들은 불안에 떨게 되는데, 그 때 한 신하의 딸 샤흐라자드가 스스로 샤리에르 왕의 신부가 되기를 자청했다.

결혼식 날 밤, 샤흐라자드가 이야기 하나를 할 수 있게 허락한 왕은 그녀의 재미난 이야기에 푹 빠져들었다. 하지만 샤흐라자드는 이야기의 끝을 맺지 않았고 왕은 이야기의 끝을 듣기 위해 샤흐라자드를 살려둘 수밖에 없었다. 그렇게 천하루 밤이 지나자 샤리에르 왕은 그만 샤흐라자드를 사랑하게 되어 종래의 생각을 버리고 샤흐라자드와 행복한 여생을 보낸다는 이야기로 끝을 맺는다.

천 하루 동안 계속된다고 해서 〈천일야화〉라고도 한다.

논술 길잡이
(장편문학)

❶ 〈말하는 새〉에서 페리자드는 힘들게 세 가지의 보물을 얻게 된다. 그 중의 하나인 '말하는 새'가 페리자드에게 오이에 진주를 박은 음식을 준비하라고 한 이유와 여기서 말한 '보물'의 진정한 의미가 무엇인지 논술해 보자.

....

....

....

❷ 〈하늘은 나는 융단〉에서 후세인, 알리, 아메드의 세 왕자의 도움으로 누로니할 공주의 병이 나을 수 있었다. 이들은 누로니할 공주의 병이 낫는 데에 각각 어떤 역할을 하였는지 본문에서 찾아 써 보자.

....

....

....

....

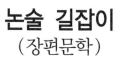

논술 길잡이
(장편문학)

❸ 아래 그림은 〈알라딘과 요술 램프〉에서 모르자나가 당나귀
가 메고 있는 항아리에다 기름을 붓고 있는 장면이다. 한밤
중에 모르자나는 왜 뜨거운 기름을 항아리에다 붓고 있는
지, 그 이유를 쓰라.

....

....

....

....

....

논술 길잡이
(장편문학)

❹ 〈알라딘과 요술 램프〉에서 알라딘은 우연히 손에 넣게 된 요
술 램프로 원하는 것은 무엇이든 모두 가질 수 있게 되었다.
만약 자신이 알라딘의 요술 램프를 가지게 된다면 어떤 소
원을 이루고 싶은지 생각해 보고 쓰라.

❺ 〈다이아몬드 아가씨〉에서 씀씀이 헤픈 젊은 임금이 아버지
의 유서로 인해 일곱 번째 다이아몬드 아가씨를 찾으러 떠
난다. 결국 여기서 말하는 '귀중한 보물' 이란 것은 무엇인지
를 논술하라.

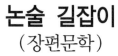

논술 길잡이
(장편문학)

❻ 다음은 〈하늘을 나는 융단〉에서 한 달에 한 번씩 초승달이 뜨면 찾아오는 아메드 왕자를 시기하는 한 신하의 말을 인용한 것이다. 이후에 임금과 아메드 왕자 사이에 어떤 일들이 벌어지게 되는지 본문에서 찾아 써 보자.

> "임금님, 어떻게 생각하실는지 모르겠습니다만, 요즘 한 달 만에 아메드 왕자의 부하가 부쩍 늘어났습니다. 왕자는 누로니할 공주와 결혼을 하지 못해 원한을 품고 있습니다. 만약 왕자가 분풀이로 이 나라를 쳐들어오면 임금님은 어떻게 하시겠습니까?"

....

....

....

....

....

....

논술 길잡이
(장편문학)

❼ 부자 신드바드의 경우 그의 삶은 고진감래형으로 해석할 수 있다. 그가 가난한 짐꾼인 신드바드에게 자신의 모험담을 계속해서 들려주는 이유가 무엇이라고 생각하는지 써 보자.

_____

_____

_____

_____

❽ 신드바드는 네 번째 항해에서 일행들과 함께 조난되었다. 그런데 어느 섬의 토인들에게 붙잡혔는데 그 곳의 추장이 이상한 음식을 내놓으며 먹으라고 했다. 만약 신드바드가 그 음식을 먹었다면 어떻게 되었을지 써 보자.

_____

_____

_____

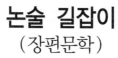

논술 길잡이
(장편문학)

❾ 〈아라비안 나이트〉는 아라비아, 이집트, 인도, 페르시아 등 여러 나라의 민담과 설화로 이루어져 있다. 오랜 세월을 거치는 동안 사라지지 않고 우리 시대의 고전으로 확고히 자리잡은 이 작품의 의의는 무엇인지 논술하라.

논·술·세·계·대·표·문·학 〈전60권〉

펴 낸 이	정재상
펴 낸 곳	훈민출판사
주 소	경기도 고양시 덕양구 원당동 416번지
대 표 전 화	(031)962-3888
팩 스	(031)962-9998
출 판 등 록	제395-2003-000042호